Sekundarstufe

Hermine Wabl

Lernmodul Der Mensch

Arbeitsblätter

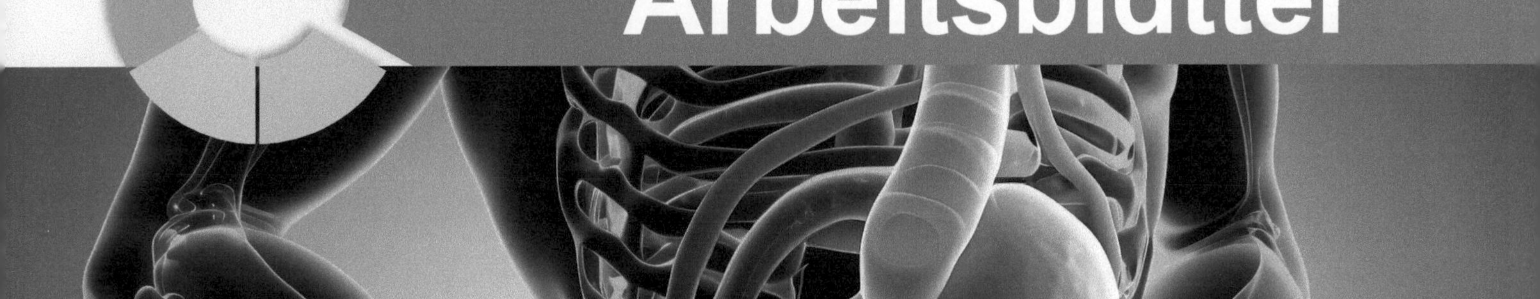

Mit verschiedenen Bausteinen effektiv und nachhaltig unterrichten

Thema 1

Lernmodul 1: Der Mensch
Arbeitsblätter

2. Auflage 2026

Inhalt: Hermine Wabl
Coverbilder: © Alief Shop & Kingline - AdobeStock.com
Redaktion: Kohl-Verlag
Grafik & Satz: Kohl-Verlag
Druck: Elanders Druck, Waiblingen

Bestell-Nr. 13 121

ISBN: 978-3-98841-193-8

Kontakt: Kohl-Verlag, An der Brennerei 37-45, 50170 Kerpen
Tel: +49 2275 331610, Mail: info@kohlverlag.de

Inhalt

Lernen mit Erfolg KOHL VERLAG
Lernmodul 1: Der Mensch
Arbeitsblätter – Bestell-Nr. 13 121

Lernmodul

Lernmodul: *Effektiv und nachhaltig unterrichten!*

Ob im Klassenzimmer oder zu Hause, das Lernmodul bietet Lehrern und Schülern die perfekte Unterstützung, um den Lernstoff effektiv und nachhaltig zu vermitteln und zu verstehen ... unser Lösungsansatz, der den Unterricht auf ein neues Level hebt!

Jedes Lernmodul ist in verschiedene Bausteine unterteilt, die nahtlos aufeinander aufbauen. Dieser **modulare Aufbau** kann sich bspw. aus Tafelbildern (visuelle Hilfsmittel, die komplexe Sachverhalte einfach und verständlich darstellen), den dazu passenden Arbeitsblättern (praktische Übungen, die das Gelernte festigen) und Basics-Trainern (Festigen das Grundlagenwissen mit speziellen Trainingsmaterialien beim häuslichen Üben oder für Vertretungsstunden) zusammensetzen. Darüber hinaus können sich Lernzielkontrollen (überprüfen der Lernerfolge mit gezielten Tests) oder sonstige Bausteine anschließen, die das jeweilige Thema aus individuellen Blickwinkeln beleuchten und bereichern.

Unsere Lernmodule bieten umfassendes Material für die Lehrkraft, das die Unterrichtsvorbereitung erleichtert und den Unterricht bereichert. Gleichzeitig erhalten Schüler hilfreiche Unterstützung, um den Lernstoff im Unterricht und zu Hause nachvollziehen und üben zu können. Unser Ziel ist es, nicht nur Wissen zu vermitteln, sondern auch nachhaltiges Lernen zu fördern. Durch die klare Struktur, die wiederkehrende graphische Gestaltung und die vielfältigen Materialien unterstützen unsere Lernmodule eine tiefergehende Auseinandersetzung mit dem Lernstoff und langfristige Lernerfolge.

Vorwort

Das Lernmodul „Der Mensch“ begleitet Sie und Ihre Schüler auf einer faszinierenden Reise durch den menschlichen Körper – von den kleinsten Bausteinen bis hin zu den komplexen Organsystemen, die unser Leben ermöglichen.

Der Mensch besteht aus einer beeindruckenden Vielfalt an Zellen, die sich zu Geweben und schließlich zu Organen zusammenschließen. Unsere Arbeitsblätter sind darauf ausgelegt, diesen spannenden Prozess Schritt für Schritt zu entdecken und die Inhalte klar und verständlich zu vermitteln, um dabei das Interesse Ihrer Schüler zu wecken und nachhaltiges Wissen zu fördern.

Die Arbeitsblätter sind in thematische Einheiten gegliedert, die aufeinander aufbauen. Beginnend mit den Grundlagen der Zellbiologie bis hin zu Gewebearten und deren Funktionen. Weiter geht es mit detaillierten Einblicken in die wichtigsten Organsysteme des menschlichen Körpers. Jeder Abschnitt enthält sorgfältig erstellte Arbeitsblätter, die durch anschauliche Darstellungen das Verständnis vertiefen und die Lernmotivation steigern.

Unser Ziel ist es, Ihnen als Lehrkraft ein wertvolles Werkzeug an die Hand zu geben, das nicht nur die Unterrichtsvorbereitung erleichtert, sondern auch die Unterrichtsqualität hebt. Gleichzeitig möchten wir die Schüler dazu ermutigen, den menschlichen Körper als ein Wunderwerk der Natur zu betrachten und ihr Wissen darüber zu vertiefen.

Wir hoffen, dass dieses Modul Ihre Erwartungen erfüllt und zu einem unverzichtbaren Bestandteil Ihres Unterrichts wird. Für Anregungen und Feedback stehen wir Ihnen jederzeit zur Verfügung und freuen uns darauf, Ihre Erfahrungen und Ideen in die Weiterentwicklung unserer Materialien einfließen zu lassen.

Viel Erfolg wünschen das Team des Kohl-Verlages und

Hermine Wabl

Biologie – eine Einführung

Biologie ist eine Naturwissenschaft und setzt sich mit den Gesetzen des Lebens und den Lebewesen auseinander.

Aufgabe: *In der rechten Spalte stehen jeweils 3 Antwortmöglichkeiten. Ergänze im Text die richtige Lösung!*

Der Philosoph Thales von Milet stellte ____________ Überlegungen über das Leben an.	**600 v. Chr.** **250 n. Chr.** **1000 n. Chr.**
Im 16. und 17. Jahrhundert bot sich den Menschen eine neue Blickweise: Erfindung des ___________________	**Licht** **Mikroskops** **Lupe**
Vorreiter auf dem Gebiet der Mikroskopie waren Robert _____________ und Antoni van ______________________________.	**Hooke** **Leeuwenhoek** **Paracelsus**
Im 18. Jahrhundert “ordnete” __________________________ sowohl die Tierwelt als auch die Pflanzenwelt	**Landsteiner** **Carl von Linne** **Einstein**
Im 19. Jahrhundert legte Gregor Mendel den Grundstein für die Vererbungslehre (_____________).	**Botanik** **Genetik** **Zoologie**

Kennzeichen des Lebens

Aufgabe: *Die folgenden Begriffe sind die 5 Kennzeichen des Lebens. Ordne sie ...*

a) *... in der Tabelle der richtigen Beschreibung zu.*
b) *... der richtigen Abbildung zu.*

Reizbarkeit • Stoffwechsel • Wachstum/Entwicklung • Beweglichkeit • Fortpflanzung/Vermehrung

	Die Lebewesen bewegen sich (z. B. flüchten, sich dem Sonnenlicht zuwenden ...)
	Das Erbmaterial wird weitergegeben. Neue Nachkommen entstehen.
	Atmung, Verdauung, Fotosynthese Verschiedenste Stoffe werden aufgenommen, abgegeben, umgewandelt ...
	Die Lebewesen wachsen (werden größer) und entwickeln sich weiter.
	Informationen (Licht, Geräusch ...) aus der Umwelt werden aufgenommen, die Lebewesen reagieren darauf.

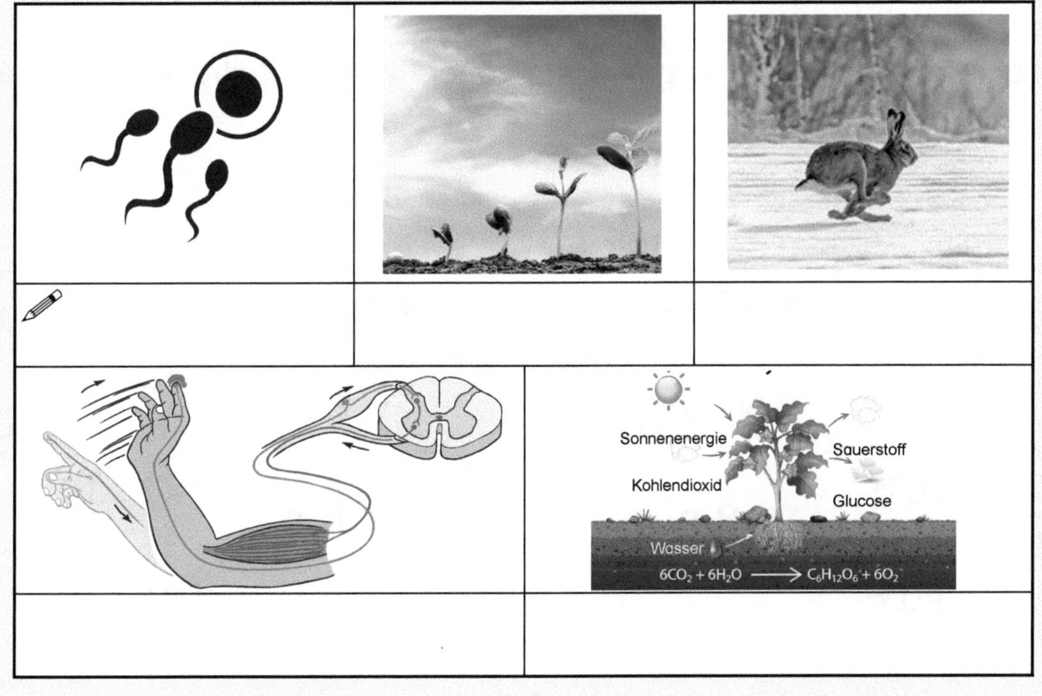

KOHL VERLAG
Lernmodul 1: Der Mensch
Arbeitsblätter – Bestell-Nr. 13 121

Evolution – was versteht man darunter?

Aufgabe: *Finde in der Buchstabenschlange die richtigen fünf Lösungswörter und ergänze die Lücken. Beachte: ä = ae*

Evolution (lat. „evolvere“ = ______________________)

In der ____________________ fanden Wissenschaftler die Grundbausteine unseres Lebens: ____________________. Sie sind die Grundlage für Eiweiß, Zucker, Fett, DNA (= ____________________).

Evolution ist die Entwicklung vom einfachst gebauten Lebewesen bis zum hoch entwickelten Organismus über einen Zeitraum von vielen ____________________ Jahren.

KIDJHFENTWICKELNJHZAMINOSÄURENJFHGDTAUSENDKT

JGNMILLIONENJFNBFBKOHLENSÄURECJRJOZEANJFRUR

KLAENKFJRNJFURSUPPEJFHRGTERBSUBSTANZIEUR

Entwicklung des Menschen

Aufgabe: *Ordne die Angaben aus den Kästen richtig zu.*

primitive • 5-2 Mio. • Ostafrika • Jäger • 500 • Schlauheit

Proconsul	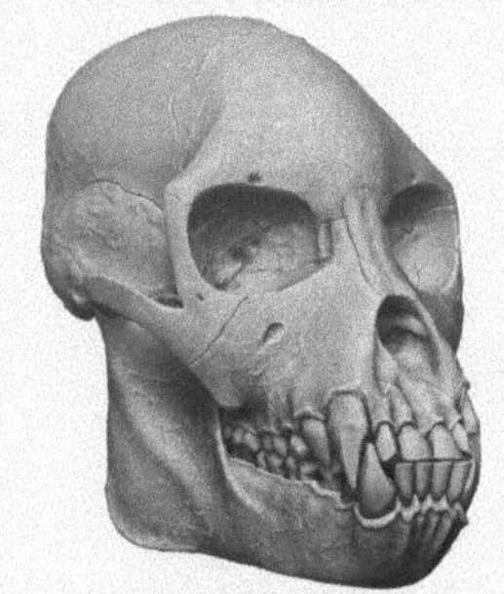	Er lebte fast ausschließlich in ______________ auf dem Erdboden. Das Fehlen ausreichender Waffen für das gefährliche Leben auf dem Boden dürfte er durch seine ______________ ausgeglichen haben.
Australopithecus	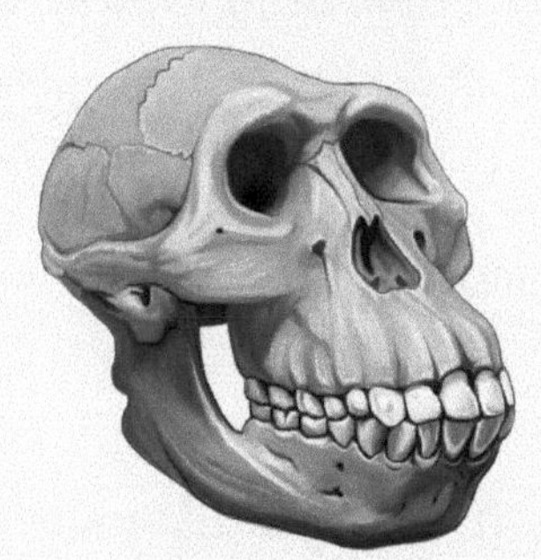	vor ____________ Jahren in Ost- und Südafrika Gehirnvolumen: ca. __________ cm³ 35-45 kg, 1,2 bis 1,5 m groß Er war ein _____________ und Sammler und verwendete bereits _____________ Werkzeuge.

150.000 • 1,6 • Feuer • Zeichnungen • 1600 • Gottheit • 1300 • Jäger

Homo erectus	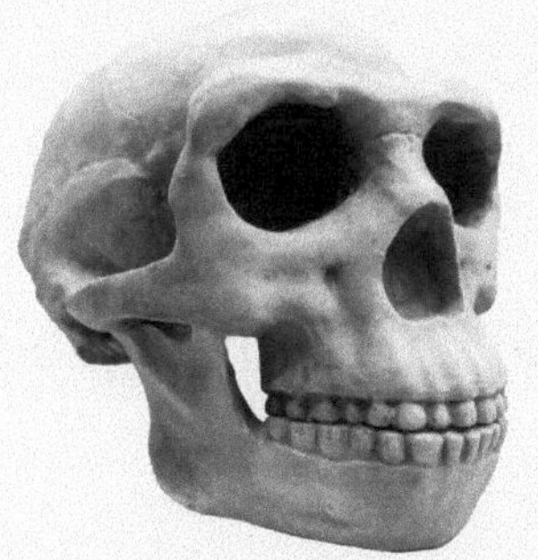	vor 1,8 Mio bis 40.000 Jahren Gehirnvolumen: ca. _____________ cm³ 40-55 kg, ca. ____________ m groß, Er war ein ________________, verwendete __________________; keine Anzeichen für Kunst.
Homo sapiens	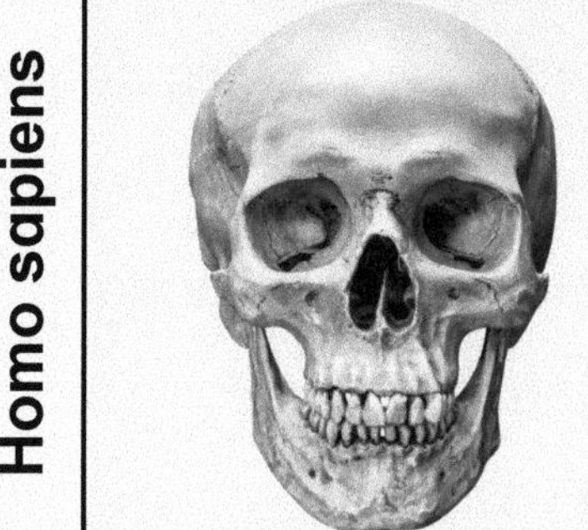	um _______________ v. Chr. Gehirnvolumen: ca. ______________ cm³ 50-70 kg, 1,2-1,8 m groß Er verarbeitete Metall, Ton und Felle; er verehrte Tiere als ________________, trug Amulette und fertigte _______________________ an.

KOHL VERLAG Lernmodul 1: Der Mensch
Arbeitsblätter – Bestell-Nr. 13 121

Zelle – Gewebe – Organe – Organismus

Aufgabe 1: *Ordne die Lösungen richtig zu.*

Gewebe • Organsystem • 100 • Bausteine • Zellen • Gewebearten

Der Mensch wird aus _______________ Billionen Zellen aufgebaut.

Die _____________ sind die kleinsten __________________ jedes Lebewesens.

Viele gleichartige Zellen bilden dann ein _____________.

Es gibt verschiedene Zelltypen, daher auch verschiedene __________________.

Wir unterscheiden:

Knochengewebe, Bindegewebe, Muskelgewebe, Fettgewebe, Hautgewebe, Nervengewebe ... Organe werden aus verschiedenen Gewebearten aufgebaut (Lunge, Magen ...) Ein _________________ entsteht, wenn mehrere Organe zusammenarbeiten.

Wir unterscheiden:

Stützsystem, Bewegungssystem, Atmungssystem, Blutgefäßsystem, Verdauungssystem, Ausscheidungssystem, Lymphsystem, Immunsystem, Nervensystem, Hormonsystem, Fortpflanzungssystem.

Aufgabe 2: *Der Mensch in Zahlen. Ordne die Angaben richtig zu.*

1500 • 200 • 84 • 1650 • 130 • 2 • 10.000 • 100

- ⇨ Unser Gehirn wird aus _________ Milliarden Nervenzellen aufgebaut.
- ⇨ Das Gehirn hat einen Wasseranteil von _________ %.
- ⇨ Wir haben über _________ Knochen.
- ⇨ Der Oberschenkelknochen kann eine Belastung von ________ kg tragen.
- ⇨ Pro Tag strömen über _________ Liter Luft durch die Lungen.
- ⇨ Unser Körper wird von über _________ km Blutgefäßen durchzogen.
- ⇨ Unsere Augen haben über _________ Millionen Sehzellen.
- ⇨ Unsere Haut ist ca. _________ m² groß und wiegt ca. 10 kg.

Zellen im menschlichen Körper

Aufgabe: *Ordne die Begriffe den richtigen Abbildungen zu.*

Eizelle • weiße Blutkörperchen • Knorpelzelle • Samenzelle • Knochenzelle • rote Blutkörperchen • Blutplättchen • Nervenzelle • Muskelzelle	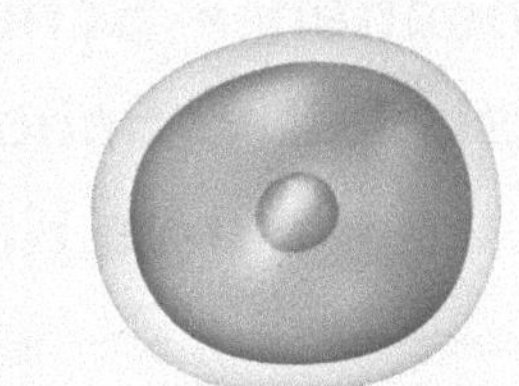 **5.** ______________________
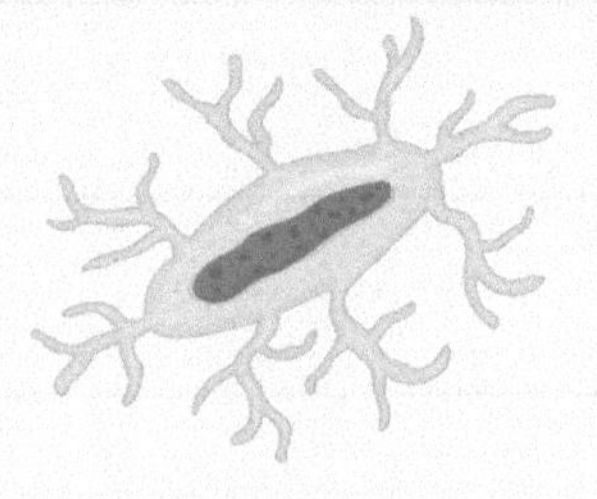 **1.** ______________________	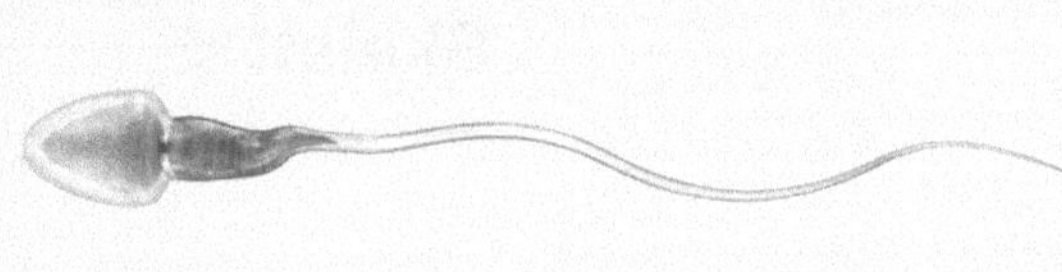 **6.** ______________________
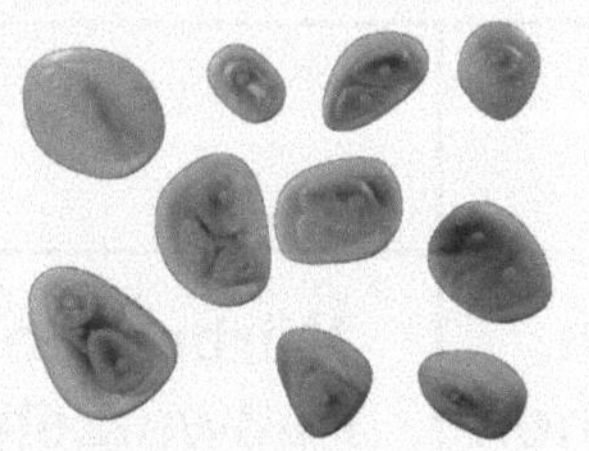 **2.** ______________________	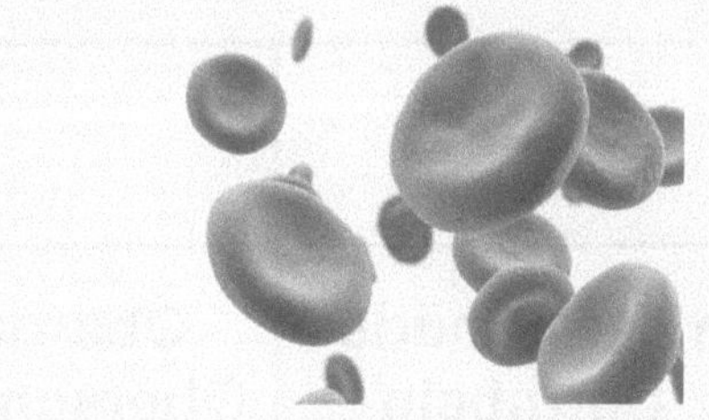 **7.** ______________________
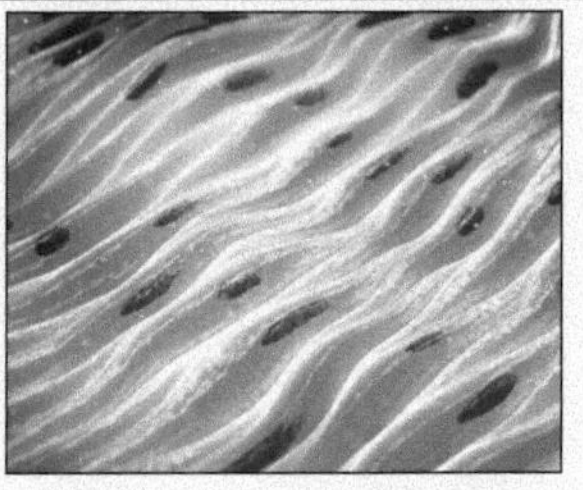 **3.** ______________________	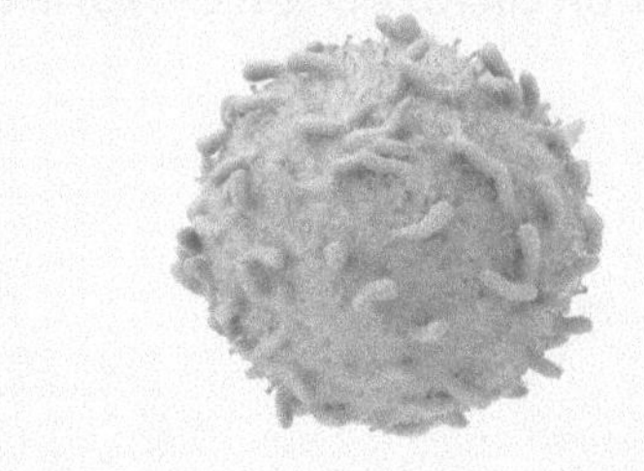 **8.** ______________________
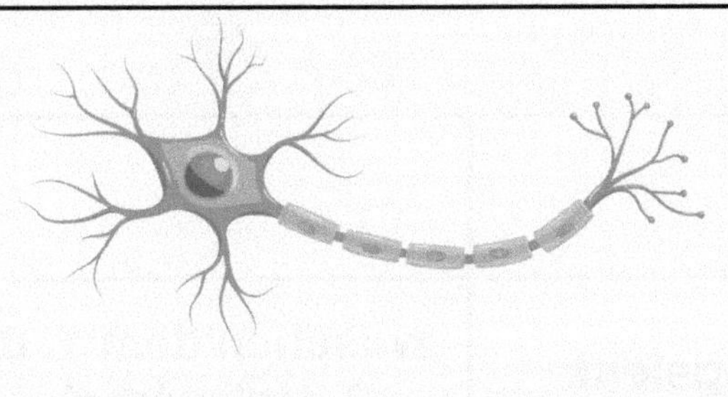 **4.** ______________________	**9.** ______________________

KOHL VERLAG
Lernmodul 1: Der Mensch
Arbeitsblätter – Bestell-Nr. 13 121

Gliederung des Skeletts

Aufgabe: *Ordne die Lösungen richtig zu:*

Plattenknochen • Schädel • Drehgelenk • Röhrenknochen • Rumpfskelett • Scharniergelenk • Gliedmaßenskelett • kurze Knochen • Kugelgelenk

a) *Das Skelett wird gegliedert in:*

Skelett →

b) *Wir unterscheiden drei Knochenarten:*

Knochen der Schädeldecke, Darmbein	**Oberarmknochen, Oberschenkellnochen**	**Wirbel, Hand- und Fußwurzelknochen**

c) *Wir unterscheiden drei Gelenkarten:*

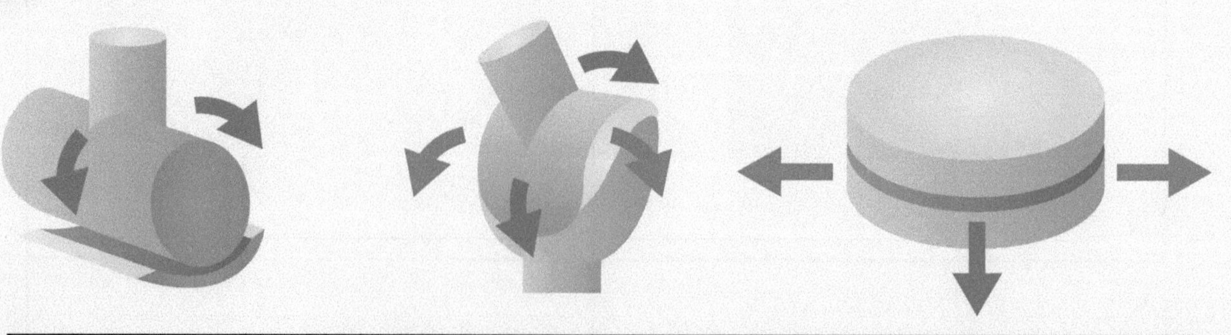

z. B. Schultergelenk	**z. B. Kniegelenk**	**zwischen dem 1. und 2. Halswirbel ...**

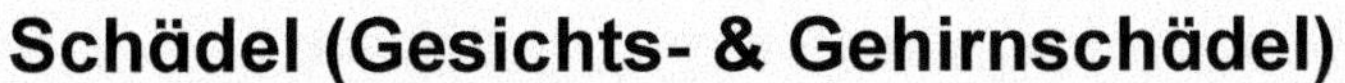

Schädel (Gesichts- & Gehirnschädel)

Aufgabe 1: *Beschrifte den Schädel.*

Nasenbein • Backenbein (Jochbein) • Scheitelbein • Knochennaht • Unterkiefer • Warzenfortsatz • Stirnbein • Oberkiefer • Keilbein • Griffelfortsatz • Schläfenbein

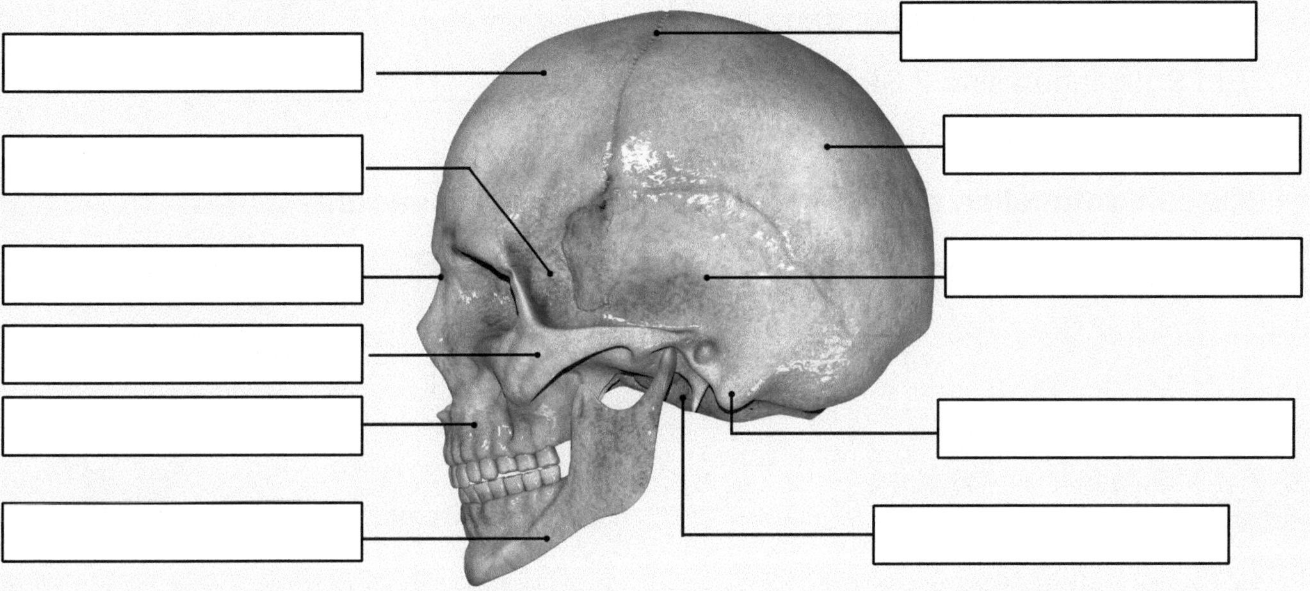

Aufgabe 2: *Setze die Begriffe aus dem Kasten an die richtige Stelle im Text.*

Gesicht • Gehirn • 124 • Sinnesorgane • Zähne • bewegliche • 30 • Hinterhauptsloch

Der **Gehirnschädel** schützt das ________________________.
Mehrere Knochenplatten sind miteinander verwachsen. Man kann diese Nahtstellen am Schädel erkennen: Stirnbein – Schläfenbein – Hinterhauptbein – Keilbein – Siebbein – Scheitelbein

Der **Gesichtsschädel** bildet das ________________________, trägt die ________________________ und wichtige ________________________.
Unterkiefer – Oberkiefer – Pflugscharbein – Augenhöhle – Nasenbein – Zungenbein

Das ________________________ bildet die Verbindung von Gehirn und Rückenmark. Der Unterkiefer ist der einzige ________________________ Schädelknochen. Der Schädel schützt das Gehirn und wichtige Sinnesorgane. Er besteht aus ________________________ Einzelknochen.

KOHL VERLAG Lernmodul 1: Der Mensch
Arbeitsblätter – Bestell-Nr. 13 121

Schädelnähte (Baby und Erwachsener)

Aufgabe 1: *Ordne die Lösungen richtig zu:*

offen • „Nähte“ • fest

Die Plattenknochen des Schädels sind durch ________________ miteinander ________________ verbunden.

Bei Säuglingen sind 2 Stellen am Schädel noch ________________ (große und kleine Fontanelle) und nur mit Haut überzogen.

Diese **Fontanellen** schließen sich ca. bis zum 2. Lebensjahr.

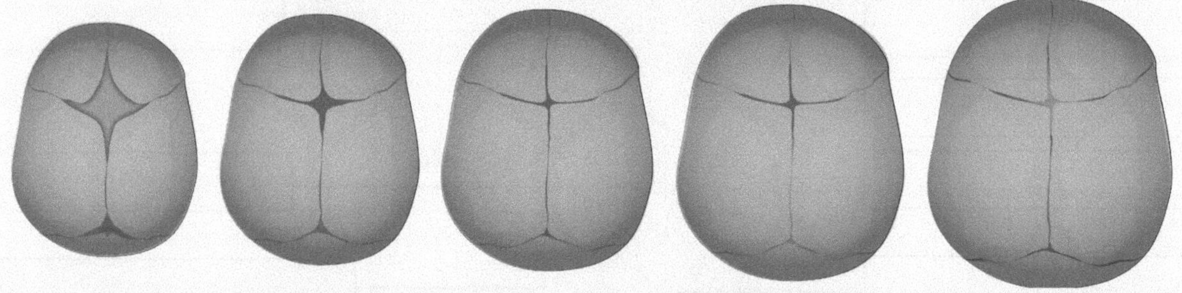

Aufgabe 2: *Bei einem Erwachsenen sind die Schädelnähte geschlossen. Beschrifte den Schädel:*

Schuppennaht • Naht zwischen Keilbein und Stirnbein • Kranznaht • Naht zwischen Stirnbein und Jochbein • Lambdanaht • Naht zwischen Keilbein und Schläfenbeinschuppe

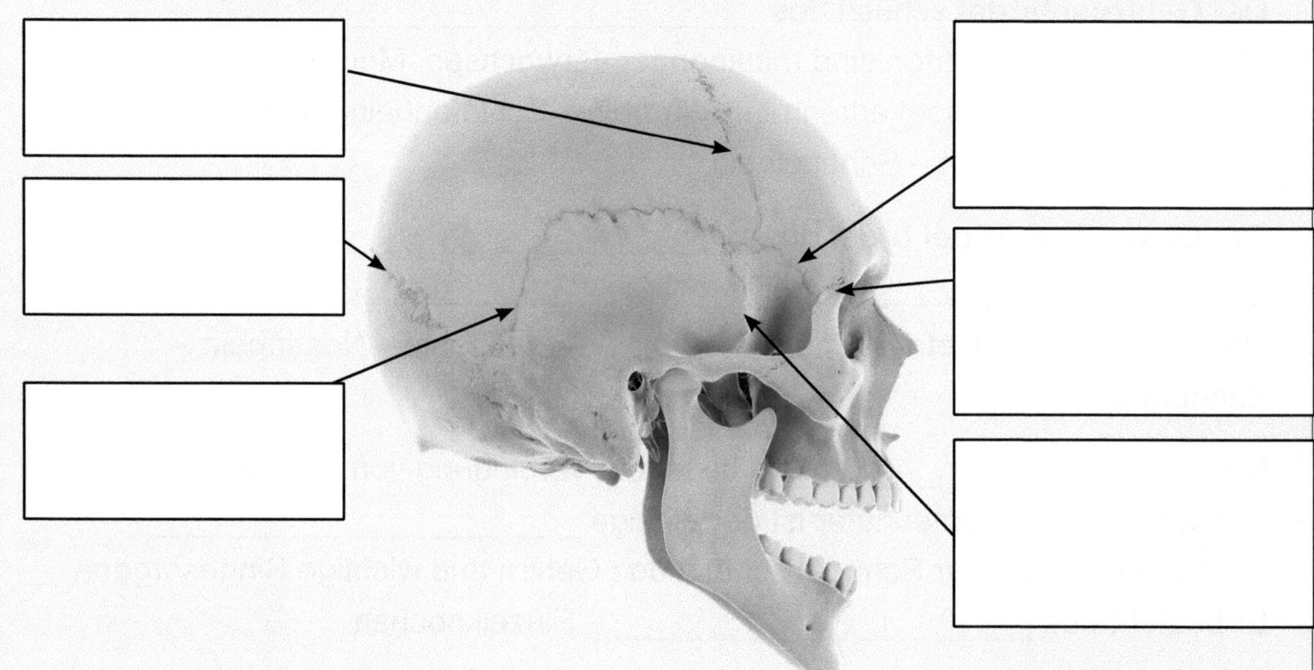

Die Wirbelsäule (Übersicht)

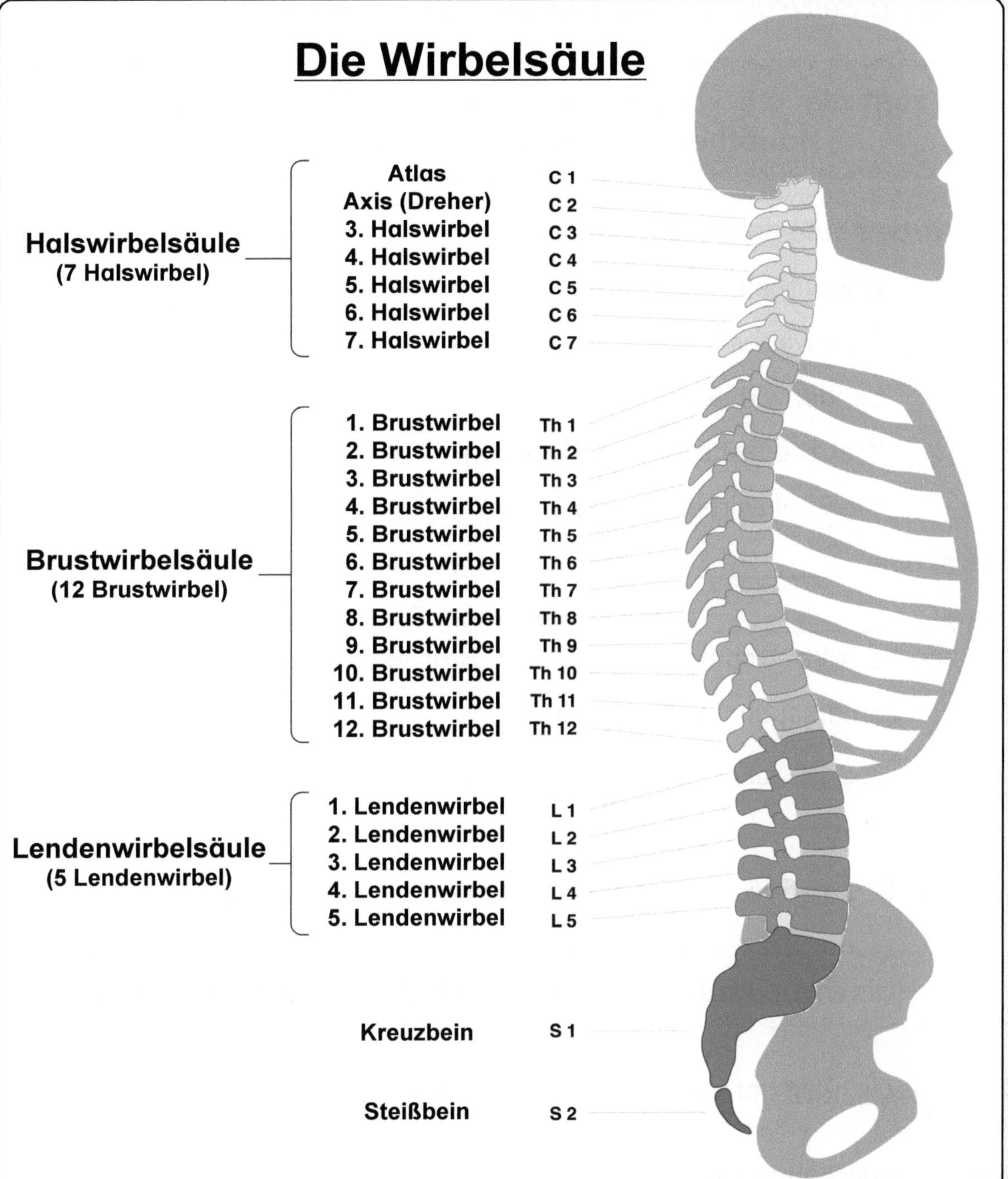

Wirbelsäule (Gliederung & Beweglichkeit)

Aufgabe 1: *Setze die richtigen Begriffe in den Lückentext ein:*

zentrale • 5 • Bandscheiben • 5 • Rückenmark • 7 • Hauptnervenstrang • 12 • doppelt • 3-5

Die **Wirbelsäule** untergliedert sich in:

- _____ Halswirbeln,
- _____ Brustwirbeln,
- _____ Lendenwirbeln,
- _____ Kreuzbeinwirbeln (= Kreuzbein),
- _____ Steißbeinwirbeln (= Steißbein).

Sie ist eine _____________ Achse unseres Körpers.

Sie ist _____________ s-förmig gekrümmt. Die ______________________ (= Zwischenwirbelscheiben) wirken als „Stossdämpfer“.

Im Rückenmarkskanal liegt geschützt das ________________________,

unser _____________________________.

Aufgabe 2: *Setze die richtigen Begriffe in den Lückentext ein:*

Halswirbelsäule • Herz • Festigkeit • Drehbewegung

Die Beweglichkeit der Wirbelsäule ist in ihrem Verlauf unterschiedlich:

Sehr beweglich sind die Wirbel der _______________________.

Die Brustwirbel schützen das _______________________ und die Lungenflügel und sind nicht sehr beweglich.

Die Lendenwirbel ermöglichen sowohl die Biegebewegung als auch die _______________________ unseres Körpers.

Die Kreuzbeinwirbel und die Steißbeinwirbel verleihen unserem Körper eine gewisse _______________________.

Bau eines Wirbels

Aufgabe 1: *Beschrifte das Schaubild des Wirbels.*

Dornfortsatz • Wirbelkörper • Querfortsatz • Rückenmark

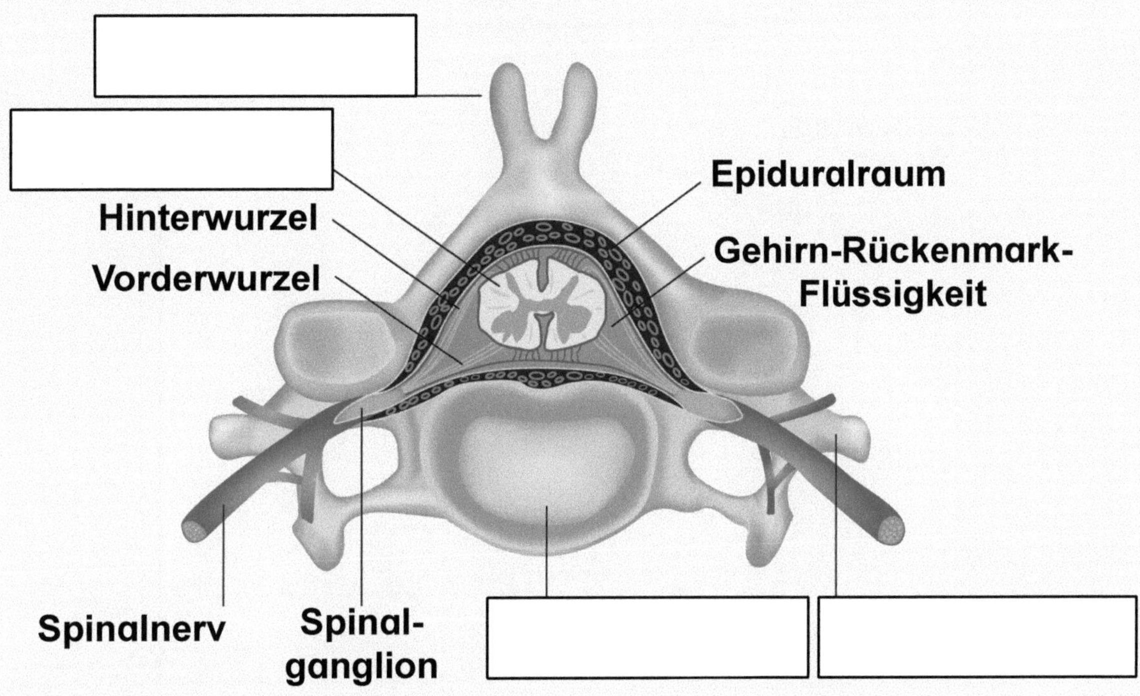

Aufgabe 2: *Setze die Begriffe an der richtigen Stelle im Lückentext ein. Ein Begriff ist falsch und bleibt übrig!*

elastisch • Wirbelkanal • Querfortsätze • beweglich • starr • Dornfortsatz

Der Wirbel hat einen Wirbelkörper. Das Rückenmark befindet sich im

______________________.

Der Wirbel hat 2 ______________________ und einen

______________________. Die Wirbel sind ______________________.

Zwischen den Wirbeln befinden sich Knorpel (= Bandscheiben). Diese

Bandscheiben (Zwischenwirbelscheiben) sind ______________________

und wirken wie ein Stoßdämpfer.

KOHL VERLAG Lernen mit Erfolg
Lernmodul 1: Der Mensch
Arbeitsblätter – Bestell-Nr. 13 121

Das Skelett besteht aus verschiedenen Knochenarten

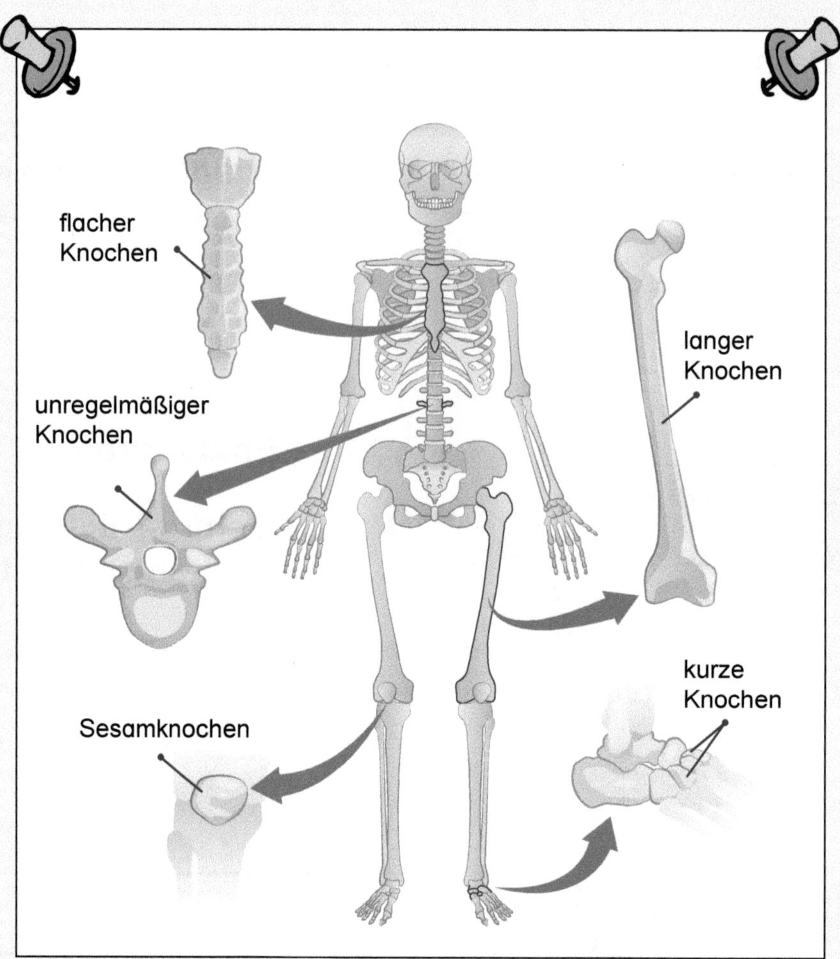

Aufgabe: *Setze die richtigen Begriffe in den Lückentext ein:*

Markhöhle • flache • ohne • unregelmäßige • Sehnen

Röhrenknochen	kurze Knochen
haben im Inneren eine mit Knochenmark gefüllte ____________ z. B. Oberarmknochen, Oberschenkelknochen, Elle, Speiche …	haben eine sehr ____________ Form z. B. Handwurzelknochen ….

Plattenknochen	Sesambein
sind ____________ Knochen ____________ Markhöhle z. B. Schädelknochen, Brustbein, Schulterblätter …	sind kleine, in ____________ eingewachsene Knochen z. B. Kniescheibe …

Bau eines Röhrenknochens

Aufgabe 1: *Beschrifte das Schaubild des Knochens.*

Knochenmarkhöhle • Knochenhaut •
Knochenbälkchen (2x) • Knochenrinde

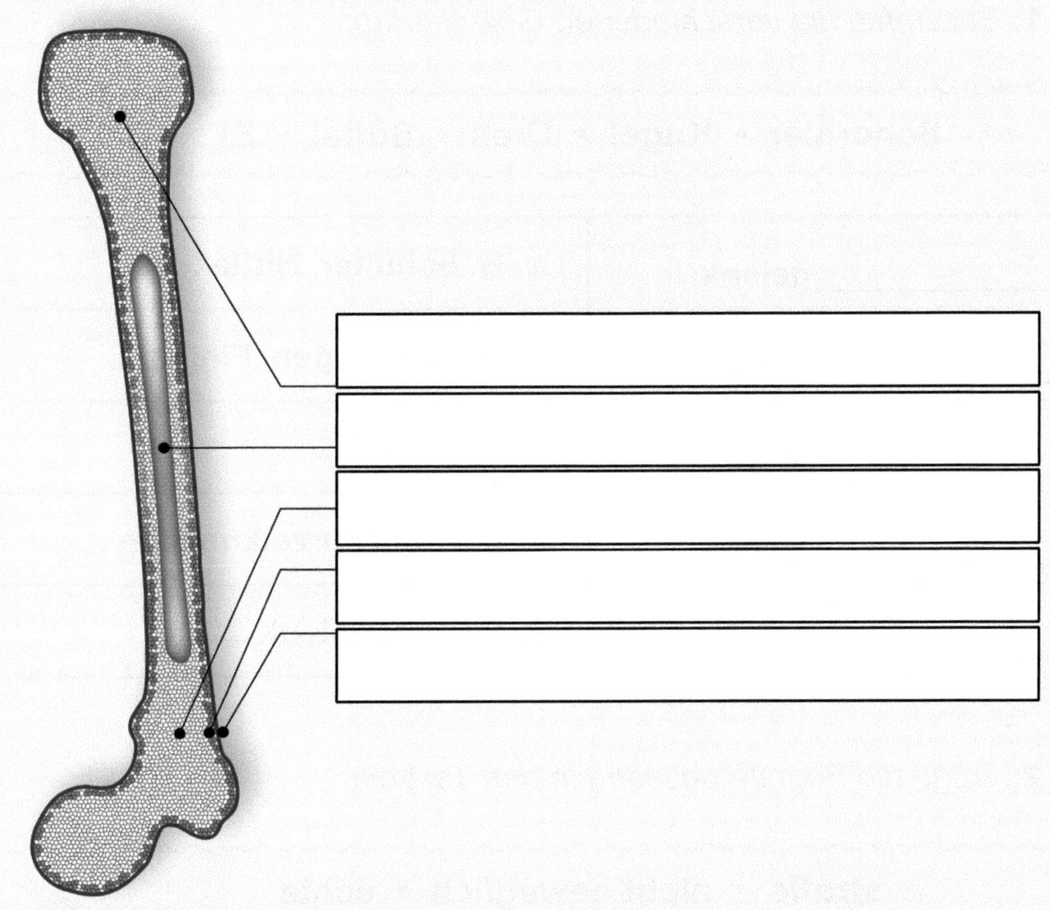

Aufgabe 2: *Setze die richtigen Begriffe in den Lückentext ein:*

Stützknochen • poröser • Kalzium • organischen • 20

Röhrenknochen sind ______________________________ mit einer starken Biegungsfestigkeit und einer großen Druckbelastbarkeit. Knochen sind aus ________________________ und anorganischen Substanzen aufgebaut. Sie bestehen zu ca. ________ % aus Wasser. Durch die Abnahme der organischen Substanzen wird mit zunehmendem Alter der Knochen __________________. ______________ ist für die Knochen sehr wichtig.

Lernmodul 1: Der Mensch
Arbeitsblätter – Bestell-Nr. 13 121
KOHL VERLAG

Gelenke • Bänder • Sehnen

Gelenke:
- sind Verbindungen zwischen zwei Knochen
- sind bewegliche Knochenverbindungen
- ermöglichen eine zweckgebundene Bewegung von Knochen

Aufgabe 1: *Bestimme die verschiedenen Gelenkarten:*

Scharnier • Kugel • Dreh • Sattel • Ei

_______________gelenk	**z. B. Schulter, Hüfte ...**
_______________gelenk	**z. B. Ellenbogen, Finger ...**
_______________gelenk	**z. B. Wirbel ...**
_______________gelenk	**z. B. Handwurzelknochen ...**
_______________gelenk	**z. B. Handgelenk ...**

Aufgabe 2: *Trage die Begriffe passend in den Text ein:*

straffe • nicht beweglich • echte

Man unterscheidet:

- _______________ Gelenke: Kniegelenk, Ellenbogengelenk, Fingergelenke, Zehengelenke: Sie sind von einer Gelenkkapsel überzogen.
- _______________ Gelenke: Kreuzbein – Darmbein: Hier ist nur eine geringe Beweglichkeit möglich.
- ________________________ Gelenke: Schädelnähte

Sehr oft gibt es eine Kombination von Gelenken und Bändern

Bänder setzen an Knochen an und sorgen somit für eine Befestigung gegeneinander beweglicher Knochen und verhindern Verschiebungen. Muskeln und Knochen sind über **Sehnen** miteinander verbunden.

Osteoporose – 4 Stadien

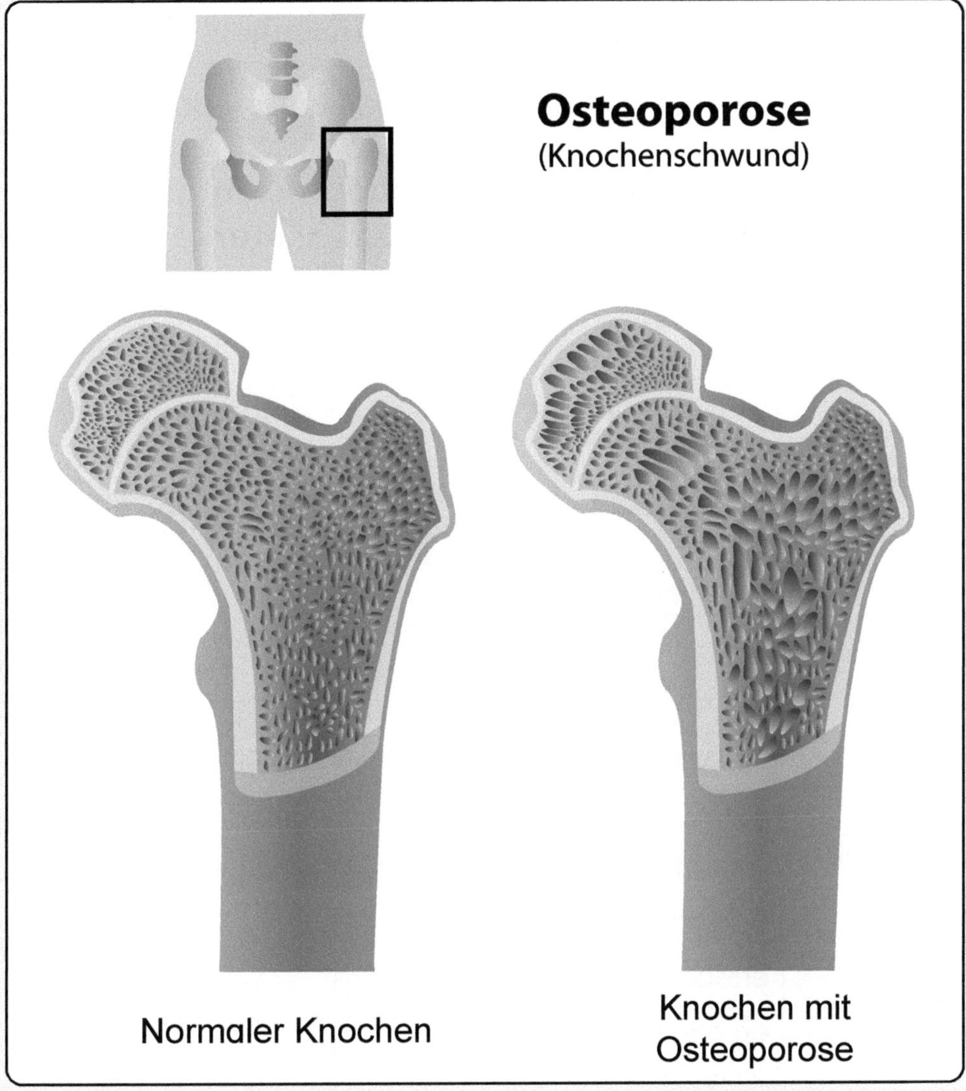

Aufgabe: *Setze die richtigen Begriffe in den Lückentext ein:*

Milch • Knochenbruches • Kalzium • Stabilität •
Ernährung • vermindert • Skeletts • eingelagert

Osteoporose ist eine Erkrankung des ___________________.
Die Festigkeit der Knochen wird ___________________, die Möglichkeit eines ________________________ ist erhöht. ________________ ist für den Knochenbau sehr wichtig, da Kalzium im Knochen ___________________ wird und so zur ___________________ beiträgt.
Wir sollten unserem Körper mit unserer ___________________ Kalzium zuführen. In _________________ und Milchprodukten ist Kalzium enthalten.

Lernen mit Erfolg KOHL VERLAG Lernmodul 1: Der Mensch
Arbeitsblätter – Bestell-Nr. 13 121

Muskulatur

Unterscheidung nach dem Aussehen

Aufgabe: *Ergänze die Lücken in der Tabelle mit diesen Begriffen:*

Nerven • inneren • Faserbündeln • ermüden • schnell • nicht • langsam • starke

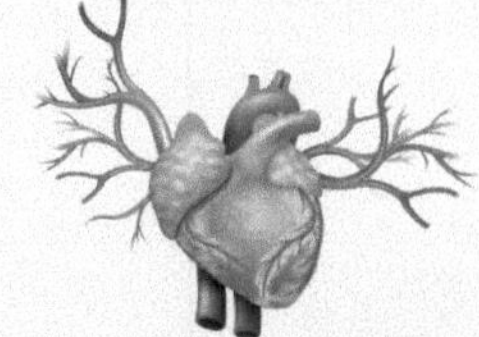

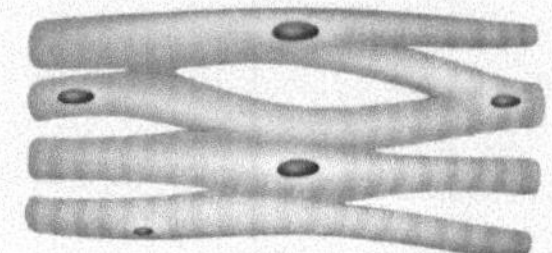

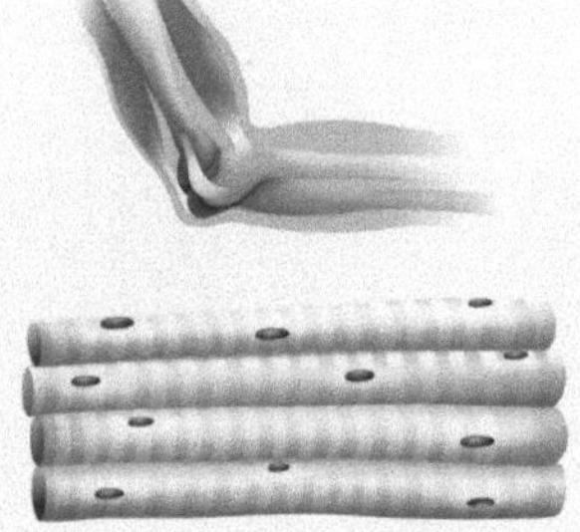

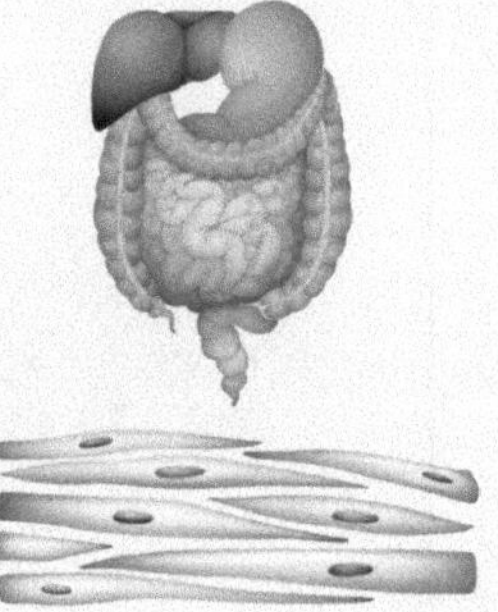

Herzmuskel	Quergestreifte Muskulatur	Glatte Muskulatur
Sonderform!	Skelettmuskulatur Willkürliche Muskulatur	Eingeweidemuskulatur Unwillkürliche Muskulatur
Ist ein quergestreifter Muskel. Ist unserem Willen ______________ unterworfen.	gehorchen unserem Willen sind für eine ___________ Beanspruchung geeignet ermüden sehr ___________ erscheinen unter dem Mikroskop quergestreift Die Muskeln liegen in mehreren Schichten über dem Skelett. Die Muskeln haben auch eine Schutz- und Stützfunktion. Die Muskeln setzen an den Knochen an. Ein Muskelstrang besteht aus mehreren von Bindegewebe umgebenen _____________________. Adern sorgen für die Ernährung der Muskeln. _____________________ übermitteln den Muskeln die Befehle.	haben glatte Muskelzellen arbeiten ______________ ______________ langsam Vorkommen: Eingeweidemuskeln Wände der ____________________ Organe

Muskulatur

Muskelgruppen

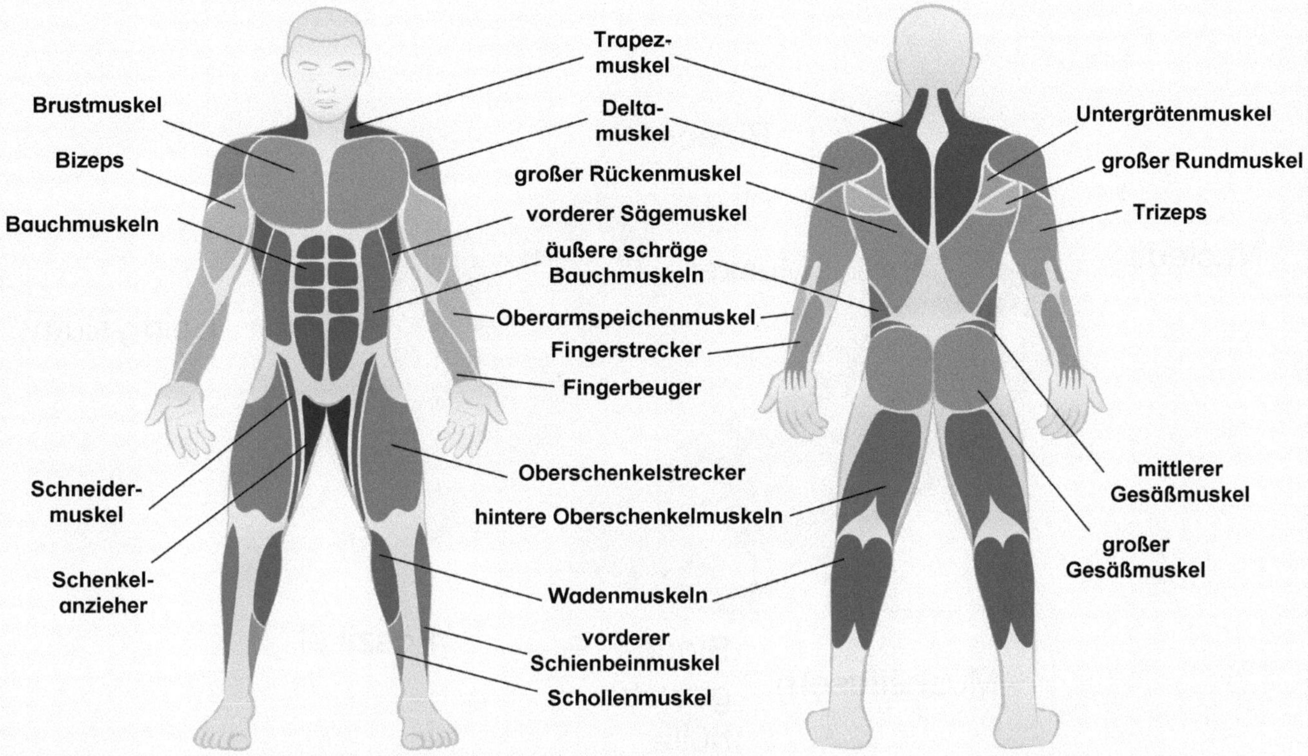

Trapezmuskel
Brustmuskel
Deltamuskel
Bizeps
großer Rückenmuskel
Bauchmuskeln
vorderer Sägemuskel
äußere schräge Bauchmuskeln
Oberarmspeichenmuskel
Fingerstrecker
Fingerbeuger
Untergrätenmuskel
großer Rundmuskel
Trizeps
Schneidermuskel
Oberschenkelstrecker
hintere Oberschenkelmuskeln
mittlerer Gesäßmuskel
Schenkelanzieher
großer Gesäßmuskel
Wadenmuskeln
vorderer Schienbeinmuskel
Schollenmuskel

Reizleitung von der Nervenzelle zur Muskulatur

Aufgabe: *Ergänze die Lücken im Text mit diesen Begriffen:*

Muskelfaser • Kontraktion • elektrische • Nervenfaser •

- Die Reizweiterleitung geschieht über ____________________ Impulse.
- Dieser Impuls wird von der ____________________ auf die ____________________ des jeweiligen Skelettmuskels übertragen.
- Dies führt dann zur ____________________ (anspannen/zusammenziehen) der jeweiligen Muskelfaser z. B. der Arm bewegt sich.

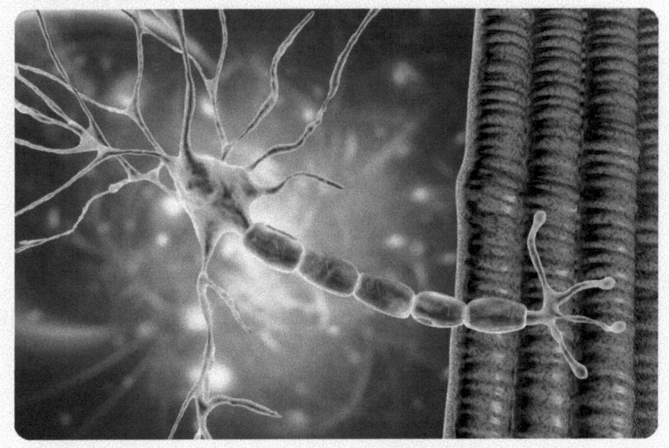

KOHL VERLAG Lernen mit Erfolg
Lernmodul 1: Der Mensch
Arbeitsblätter – Bestell-Nr. 13 121

Muskulatur

Bau einer Muskelfaser

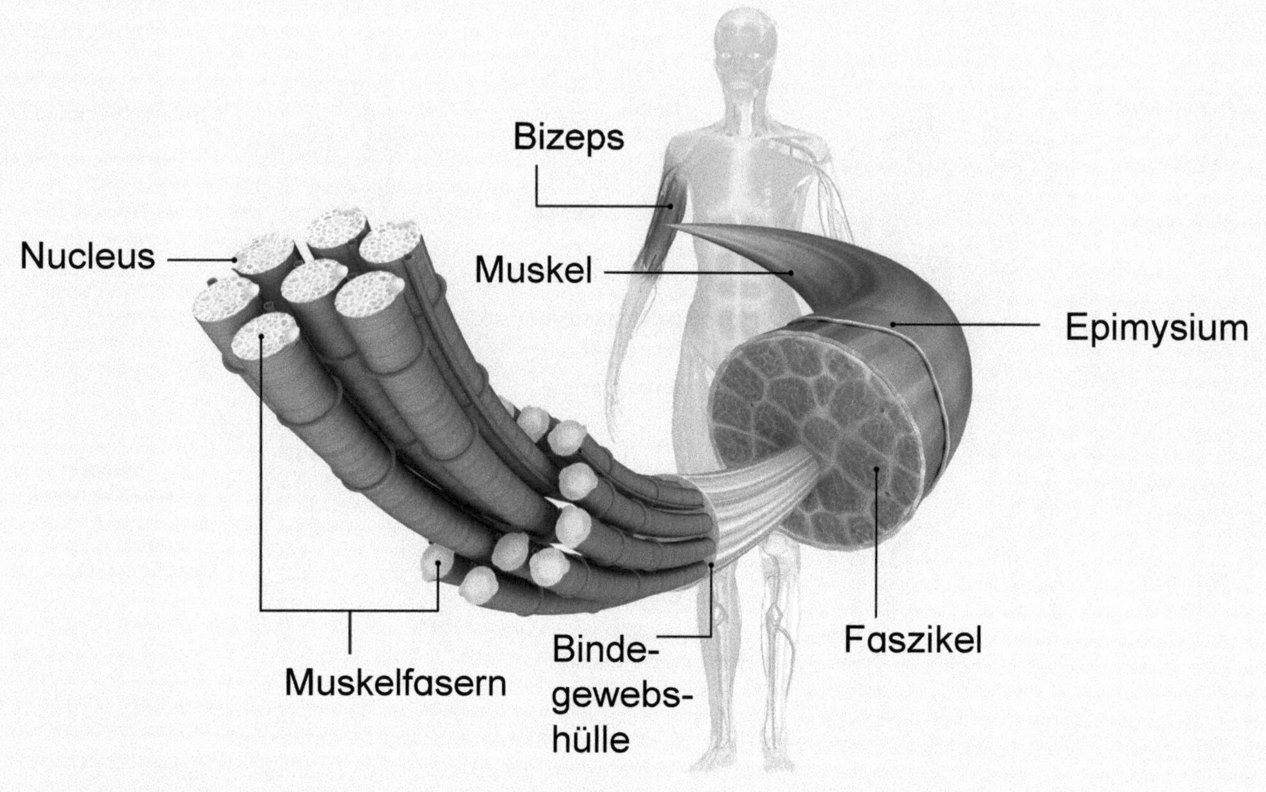

Aufgabe: *Ergänze die Lücken mit diesen Begriffen:*

Zellkernen • 15 • Muskelfaserbündeln •
0,1 • Muskelfasern • Bindegewebe

Der Muskel setzt sich aus ____________________ zusammen.

Die Muskelfaser setzt sich aus einer Zelle mit mehreren ________________________ zusammen.

Eine Muskelfaser kann bis zu _________ cm lang und ca. _________ mm dick werden.

Mehrere Muskelfasern werden zu ____ zusammengeschlossen.

Dieses Muskelfaserbündel wird von einem starken __________________________ umschlossen.

Anatomie des Herzens

Aufgabe 1: *Trage in das Schaubild des Herzens die fehlenden Wörter ein.*

linke Lungenvene • rechte Lungenarterie •
linker Vorhof • untere Hohlvene • rechte Kammer

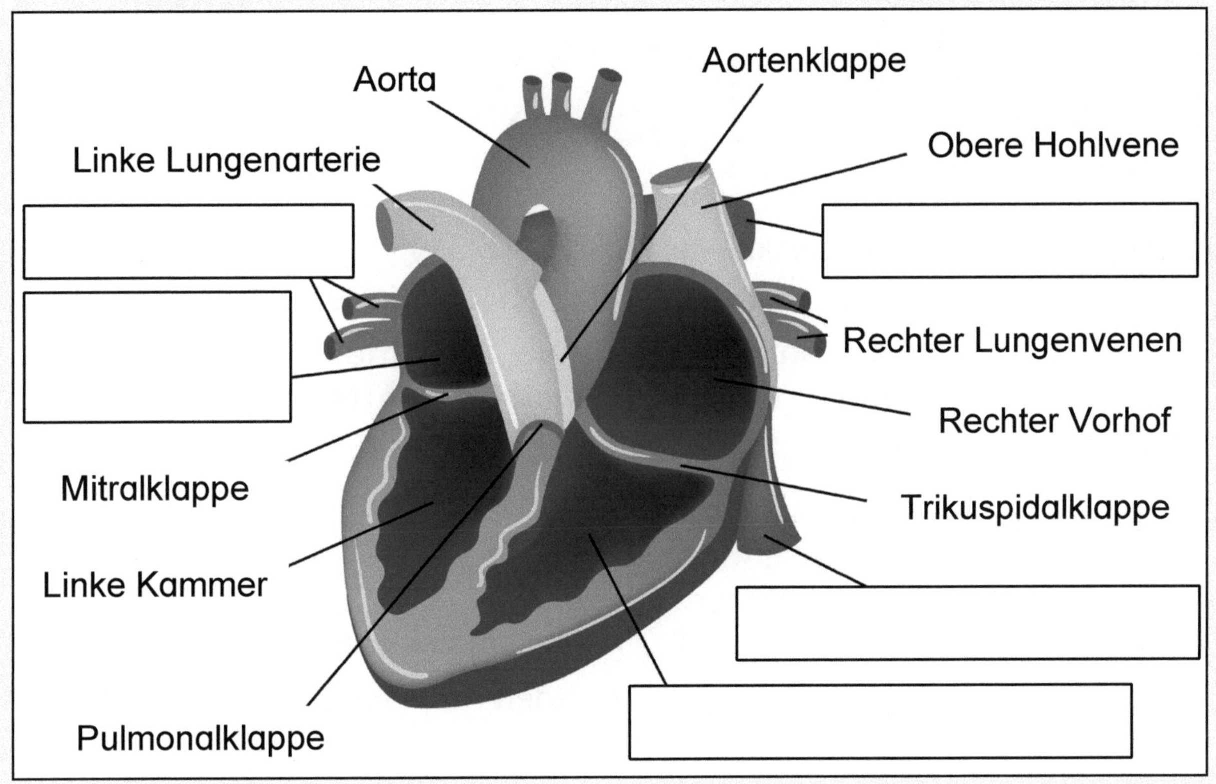

Aufgabe 2: *Ergänze:*

weg • Segelklappe • Herzklappen • Taschenklappe • zum

- Das Herz hat 2 Vorkammern und 2 Herzkammern.
- Die vier ________________ verhindern einen Rückstrom des Blutes in die falsche Richtung.
- Jede Herzhälfte hat eine ________________ und eine ________________.
- In den Venen fließt das Blut ____________ Herz,
- in den Arterien fließt es vom Herzen ___________ in den Körper.

Lernmodul 1: Der Mensch
Arbeitsblätter – Bestell-Nr. 13 121

Der Blutkreislauf – Arterien, Venen, Kapillaren

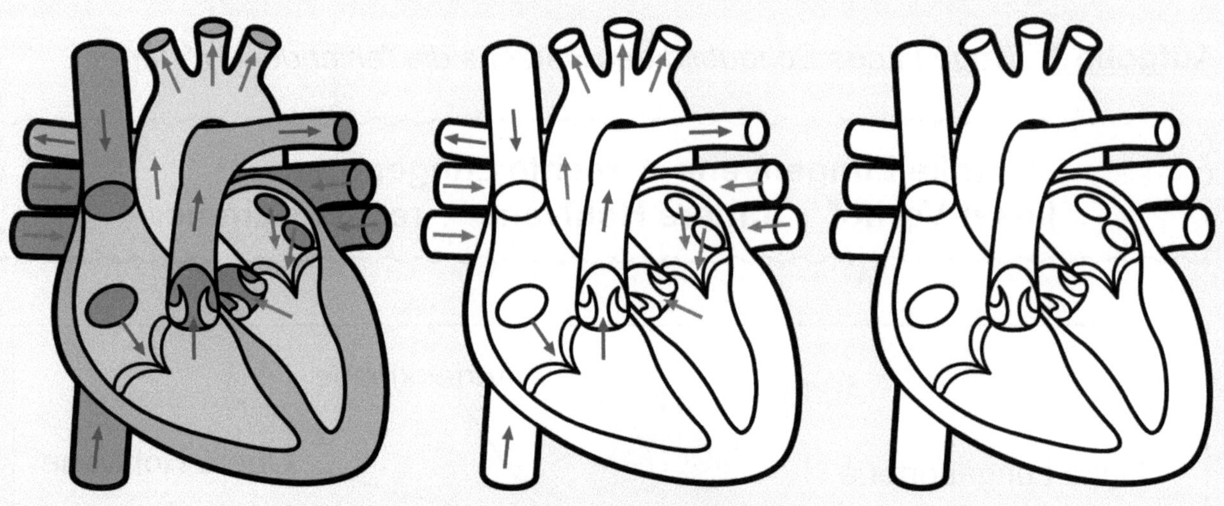

Aufgabe: *Ergänze die Lücken mit diesen Begriffen:*

Kapillaren • sauerstoffarmem • rechte • Venen •
Lunge • sauerstoffreichem • Arterien

- Die linke Herzkammer wird nur von ______________________________ Blut aus der _________________________ durchflossen.
- Die __________________________ Herzkammer wird immer von _________________________ Blut aus den Körpervenen durchflossen.

Die _____________________ sind starkwandige und elastische Blutgefäße, die vom Herzen zum Gewebe und in die Organe führen.
Die _____________________ sind dünnwandiger und führen zum Herzen. Sie enthalten Venenklappen, die das Zurückfließen des Blutes verhindern.
In den _____________________ (Haargefäßen) werden Nährstoffe und Sauerstoff an das Gewebe (und an die Organe) abgegeben und Abfallstoffe aufgenommen. Kapillaren bilden den Übergang von Arterien zu Venen.

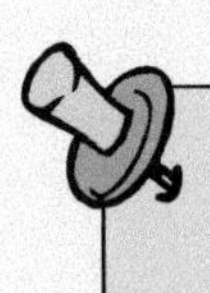

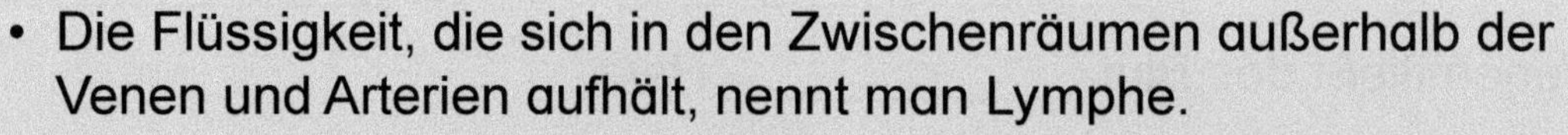

- Die Flüssigkeit, die sich in den Zwischenräumen außerhalb der Venen und Arterien aufhält, nennt man Lymphe.

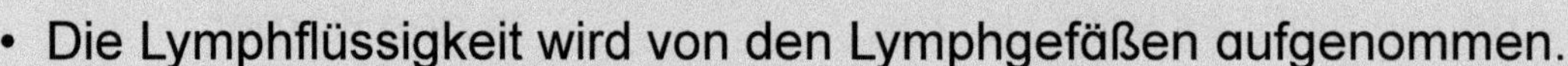

- Die Lymphflüssigkeit wird von den Lymphgefäßen aufgenommen.
- Im Lymphgefäßsystem befinden sich die Lymphknoten, die reich an Lymphozyten (zur Bekämpfung von Krankheitserregern) sind.

Strömungsrichtung des Blutes

Das Blut fließt in den Vorhof.

Danach wird das Blut durch die geöffneten Segelklappen in die Herzkammer gepresst.

Die Segelklappen schließen sich.

Die Taschenklappen öffnen sich nun und das Blut strömt in die Arterien.

Nun wird das Blut durch den ganzen Körper gepumpt.

Aufgabe: *Trage in das Schaubild die fehlenden Wörter ein.*

Körpergefäße • Lungenarterie • Lungengefäße • Lungenvene • Kopfgefäße • Körpervene

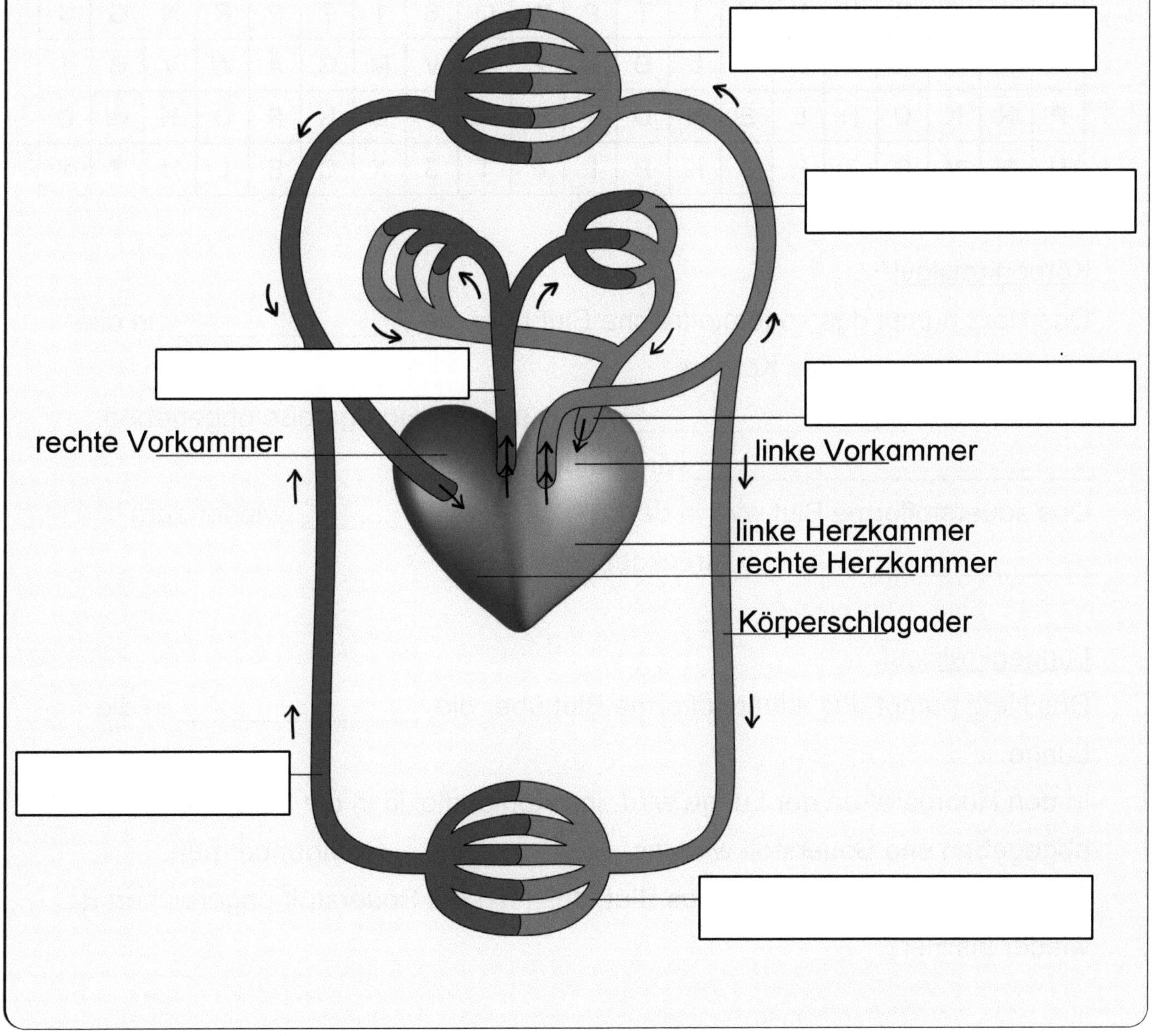

rechte Vorkammer

linke Vorkammer

linke Herzkammer

rechte Herzkammer

Körperschlagader

Lernmodul 1: Der Mensch
Arbeitsblätter – Bestell-Nr. 13 121

KOHL VERLAG

Körperkreislauf vs. Lungenkreislauf – Vergleich

Aufgabe: *Ergänze die Lücken. Die benötigten Wörter sind im Suchsel versteckt.*

G	J	B	M	L	U	N	G	E	N	A	R	T	E	R	I	E	Z	L	Ü
R	Q	O	W	D	G	T	R	C	U	H	K	Q	A	I	H	K	V	R	D
T	A	R	D	Q	F	U	J	O	L	M	V	R	A	X	U	O	A	B	U
I	F	G	T	D	L	U	N	G	E	N	V	E	N	E	C	U	R	G	O
J	B	A	J	U	D	U	P	K	N	R	G	H	V	C	E	T	T	D	Z
W	V	N	O	B	W	X	V	Z	H	N	I	K	Q	V	E	N	E	N	K
D	H	E	R	Z	Z	D	I	N	O	P	G	R	Z	B	E	Y	R	V	U
C	U	O	Ü	X	V	I	P	M	E	G	B	C	Q	S	L	J	I	P	Ü
U	J	H	R	S	A	U	E	R	S	T	O	F	F	C	U	G	E	S	L
H	R	T	S	V	U	Y	I	T	P	W	Q	S	I	T	P	R	N	G	J
N	K	M	X	Z	B	T	L	B	K	F	S	V	M	G	Ä	W	V	B	I
P	R	K	O	H	L	E	N	D	I	O	X	I	D	H	P	Ö	K	W	D
Ü	M	V	R	T	H	J	K	P	L	E	T	S	X	C	B	L	U	T	Y

Körperkreislauf:

Das Herz pumpt das sauerstoffreiche Blut über die ________________ in alle ________________ des Körpers.

Dort wird der ________________________ über die Haargefäße abgegeben.

__________________________ wird aufgenommen.

Das sauerstoffarme Blut wird in den _____________________ wieder zum ______________________ zurückgepumpt.

Lungenkreislauf:

Das Herz pumpt das sauerstoffarme Blut über die ________________ in die Lunge.

In den Haargefäßen der Lunge wird das Kohlendioxid in die Lungenbläschen abgegeben und Sauerstoff wird ins ________________ aufgenommen.

Die ________________ führt das Blut, das jetzt mit Sauerstoff angereichert ist, wieder ins Herz.

Flüssige und feste Bestandteile im Blut

Aufgabe: *Ergänze die richtigen Zahlen:*

5 Milliarden • 55 • 250 Millionen • 7 Millionen • 45

Das Blut besteht zu ca. ________ % aus Blutplasma und zu ca. ________ % aus Blutzellen (feste Bestandteile).

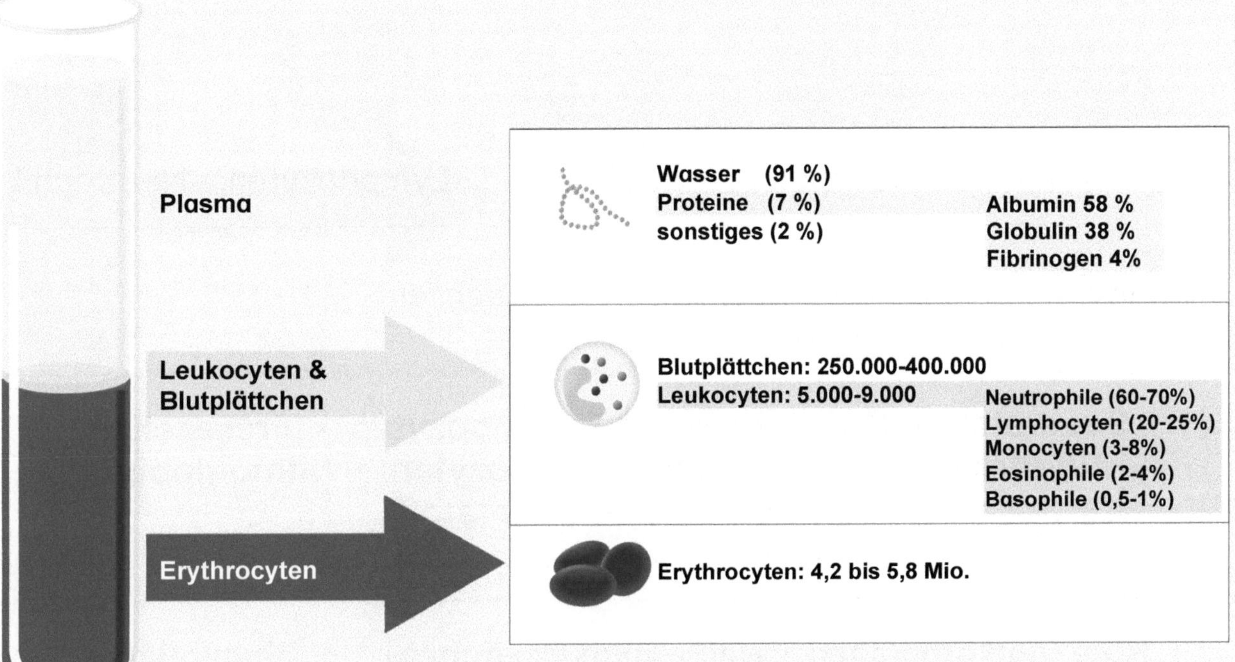

Blutplasma:

Blutplasma besteht zu 90 % aus Wasser; die restlichen 10 % sind Mineralien, Nährstoffe, Eiweißstoffe und Hormone.

Blutzellen:

Rote Blutkörperchen (Erythrozyten): ca. ________________ pro 1 ml Blut

Weiße Blutkörperchen (Leukozyten): ca. ________________ pro 1 ml Blut

Blutplättchen (Thrombozyten): ca. ________________ pro 1 ml Blut

KOHL VERLAG Lernmodul 1: Der Mensch
Arbeitsblätter – Bestell-Nr. 13 121

Feste Bestandteile im Blut im Detail

		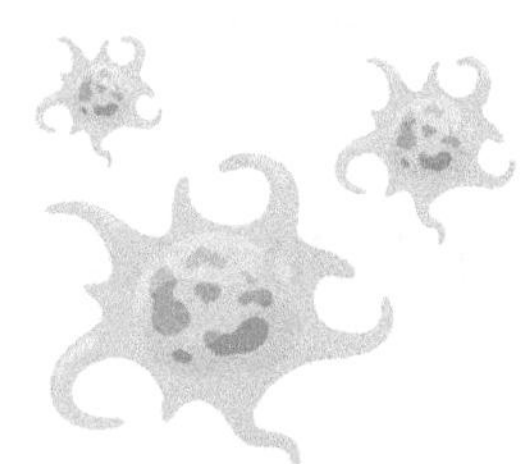
weiße Blutkörperchen	rote Blutkörperchen	Blutplättchen

	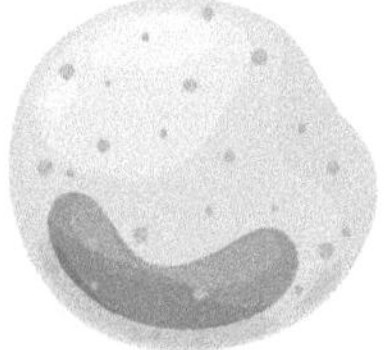	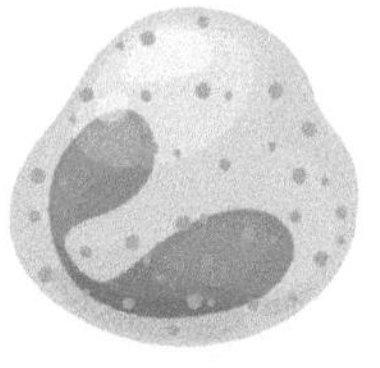		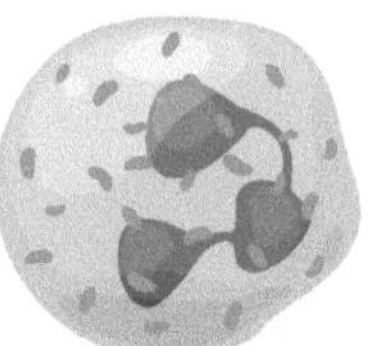
Monozyten	Basophil	Eosinophil	Lymphozyten	Neutrophil

Aufgabe: *Ergänze die Lücken mit diesen Begriffen:*

Sauerstoff • Gefäßwände • Thrombozyten • Fresszellen • Erythrozyten • Thombus • Leukozyten • Hämoglobin • kernlose • Sauerstoff

Rote Blutkörperchen	Weiße Blutkörperchen	Blutplättchen
___________	___________	___________
• besitzen keinen Zellkern • bis zu 5 Mio pro cm^3 • enthalten ___________ (= roter Blutfarbstoff) • Hämoglobin bindet ___________ • werden im Knochenmark immer wieder neu gebildet	• 5.000-8.000 pro cm^3 • besitzen einen Zellkern • amöboide Bewegung • sie sind ___________ (= nehmen schädliche Mikroorganismen oder Fremdkörper auf und bauen diese ab) • sie können durch ___________ hindurch in andere Gewebe übertreten	• 250.000 pro cm^3 • ___________ Zellen • schützen den Körper indem sie durch Bildung eines ___________ (= Pfropfen) Verletzungen abdichten

Lymphatische Organe

Lymphknoten befinden sich am Hals, in den Achseln, beim Zwerchfell und in der Leistengegend. Lymphknoten schwellen bei Infektionen an!

Aufgabe: *Ergänze die Lücken. Die benötigten Wörter sind im Suchsel versteckt.*

Q	L	Y	M	P	H	K	A	P	I	L	L	A	R	E	N	V	I	K	N
F	Y	A	P	H	V	U	K	M	E	V	X	P	Ä	Q	S	H	I	K	N
V	M	X	K	R	G	G	E	W	E	B	E	U	L	P	M	B	E	A	B
U	P	Z	B	D	N	H	O	L	M	R	F	G	C	E	S	F	T	B	Y
K	H	B	T	F	I	M	M	A	L	W	H	I	P	Ä	B	I	J	W	T
P	B	R	D	I	K	V	I	L	Y	M	P	H	E	X	I	K	P	E	F
L	A	F	S	L	P	X	T	G	I	K	P	Ö	B	I	N	E	T	H	B
M	H	I	X	T	Ö	S	T	H	I	R	E	I	F	U	N	G	Y	R	U
D	N	N	C	E	W	C	Z	B	I	M	O	P	E	D	T	G	Y	T	M
T	E	E	U	R	C	S	U	B	I	P	Ö	Ü	B	T	Q	R	E	V	O
G	N	X	R	N	B	U	V	E	R	D	A	U	T	L	Ü	M	T	C	R
V	W	T	G	I	J	L	P	Ü	M	T	F	U	G	C	E	A	S	L	M
K	R	A	N	K	H	E	I	T	S	E	R	R	E	G	E	R	C	T	B

Das Lymphgefäßsystem wird aus den ______________________ gebildet.
Feine Gefäße (______________________) durchziehen den ganzen Körper.
Lymphkapillaren beginnen im ______________ und nehmen dort die Lymphe (Gewebsflüssigkeit) auf.

Lymphatische Organe:

Knochenmark und Milz: Bildung und die ___________________ der weißen Blutkörperchen

Mandeln: Halten ______________________, die über den Mund eindringen, auf und töten diese ab.

Lymphknoten: ___________________ die Gewebsflüssigkeit

Milz: frisst und __________________ Krankheitserreger, sammelt Bestandteile der Erreger

Wurmfortsatz: ist für die ______________ von Krankheiten zuständig

Brustlymphgang: sammelt die __________________ aus dem unteren Körper des Menschen

Lernmodul 1: Der Mensch
Arbeitsblätter – Bestell-Nr. 13 121
KOHL VERLAG

Die Milz

Aufgabe 1: *Finde die Begriffe in der Buchstabenschlange und ergänze damit passend im Text.*

KFJRHBAKTERIENXDNFHJEBLUTKDHFEINHLYMPHATISCH

EXFHEUDHKEINKDKFBUEBINFEKTIONSABWEHRKDJFHRU

Die Milz ist das größte ________________________ Organ.

Die Milz filtert ________________________ und verbrauchte Blutzellen aus dem ________________________. Die Milz produziert weiße Blutkörperchen zur ____________________________. Die Milz ist ____________________ lebenswichtiges Organ; andere Organe des menschlichen Körpers können ihre Aufgaben übernehmen, falls die Milz nicht mehr gut funktioniert.

Aufgabe 2: *Welche Zahlen stimmen? Trage ein.*

500 • 280 • 180 • 430

Gallenblase
(*Vescia fellea*)

Milz
(*Llen*)

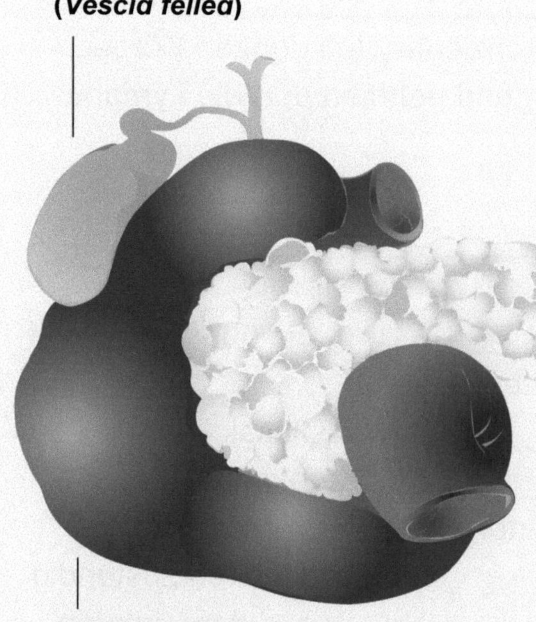

Bauchspeicheldrüse
(*Ductus pancratius*)

Zwölffingerdarm
(*Duodenum*)

Volumen:

__________ cm³

ca. __________ g

Aufgaben der Milz:

- Immunabwehr
- Reinigung des Blutes
- Bildung der Lymphzellen

Atmung

Aufgabe 1: *Gib den Weg der Atemluft in der richtigen Reihenfolge an:*

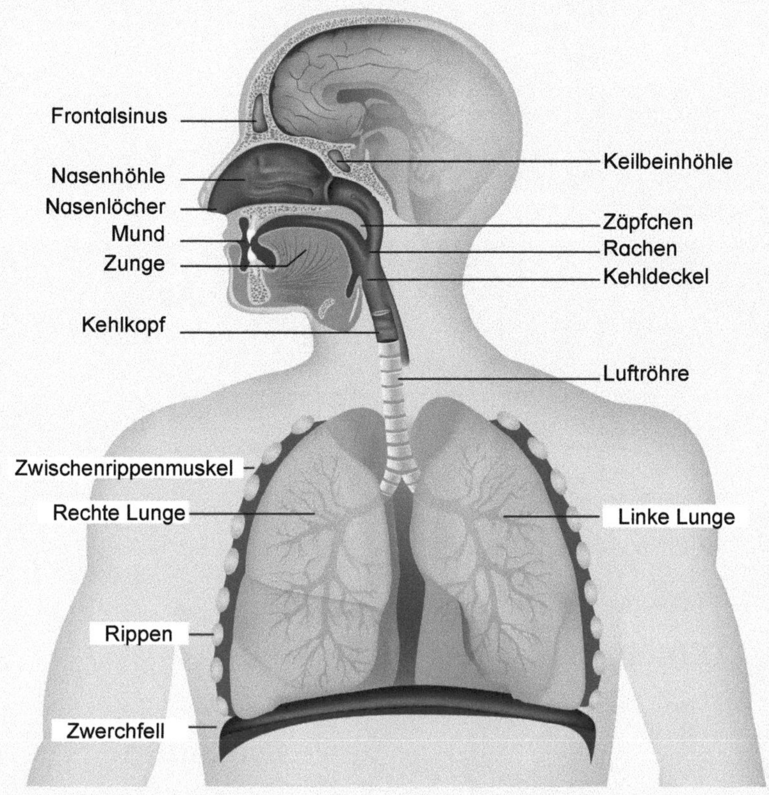

Weg der Atemluft:

1. ______________________
2. ______________________
3. ______________________
4. ______________________
5. ______________________
6. ______________________

– Bronchien
– rechter/linker Lungenflügel
– Kehldeckel – Luftröhre
– Nase/Mund – Zwerchfell

Aufgabe 2: *Ergänze die Lücken:*

passiver – aktiver – verkleinert – dehnt

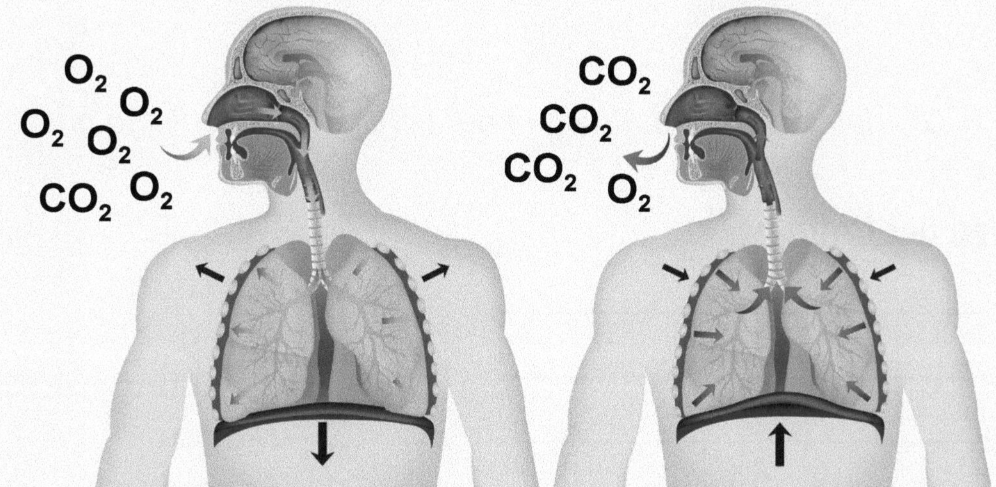

Die **EINATMUNG** ist ein ______________ Vorgang. Die Rippen werden dabei angehoben. Die Lunge ______________ sich aus.

Die **AUSATMUNG** ist ein ______________ Vorgang. Der Brustkorb ______________ sich und presst die Luft aus den Lungen hinaus.

Lernmodul 1: Der Mensch
Arbeitsblätter – Bestell-Nr. 13 121
KOHL VERLAG

Der Weg der Nahung (Teil 1)

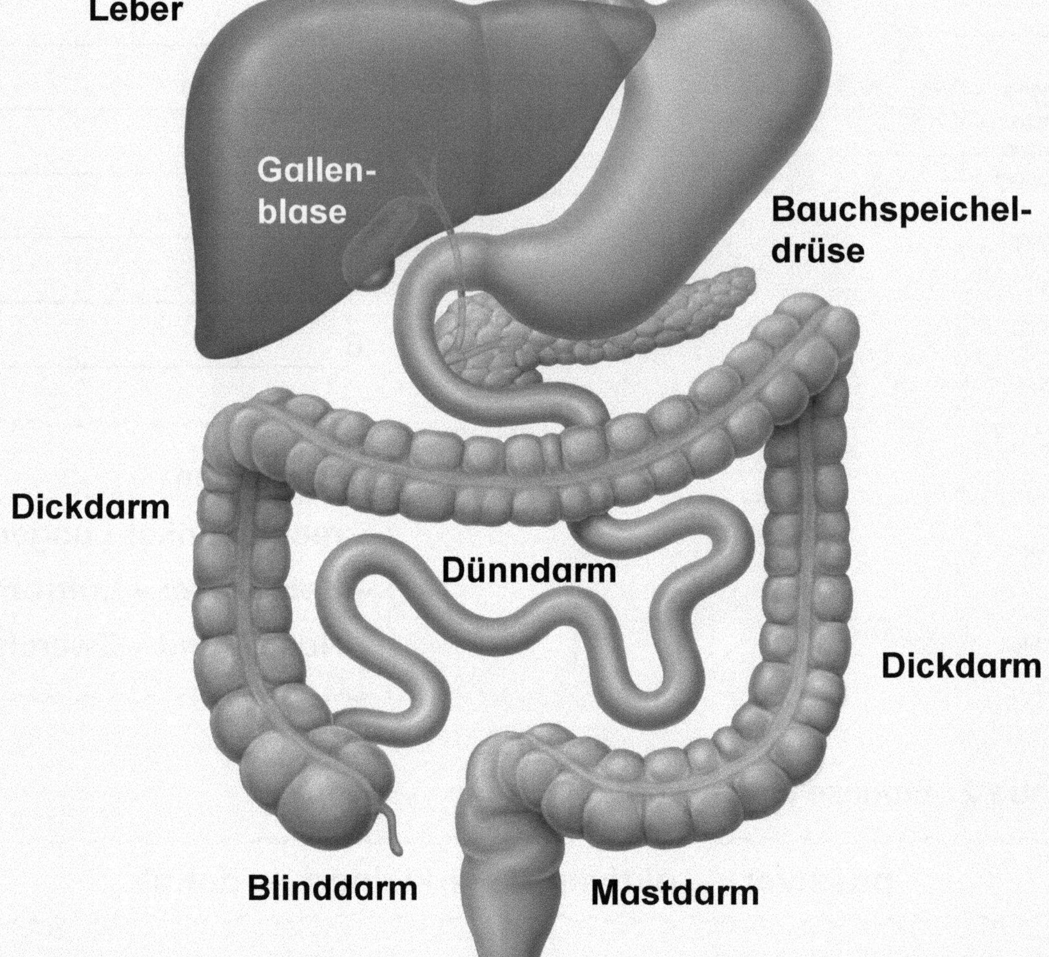

Aufgabe 1: *Gib den Weg der Nahrung in der richtigen Reihenfolge an:*

Weg der Nahrung:

1. ____________________
2. ____________________
3. ____________________
4. ____________________
5. ____________________
6. ____________________
7. ____________________

- Dickdarm
- Mund
- Zwölffingerdarm
- Magen
- Dünndarm
- Speiseröhre
- Mastdarm

Der Weg der Nahung (Teil 2)

Aufgabe 2: a) *Trage in der linken Spalte die Abschnitte des Verdauungsweges in der richtige Reihenfolge ein:*

Dickdarm • Mund • Magen • Speiseröhre • Zwölffingerdarm • Mastdarm • Dünndarm

b) *Ergänze die Lücken in der rechten Spalte.*

Speichel • Blut • Wasser • Nahrungsbrei • Aufnahme • After • Bakterien • Magen • eingedickte • Zähnen • Leber • Darmzotten

	Die Nahrung wird mit den ___________ zerkleinert und mit ___________ vermischt. Pro Tag werden 1,5 Liter Speichel produziert. Stärke wird in Zuckermoleküle zerlegt.
	Sie befördert den Nahrungsbrei zum ___________. Die Speiseröhre ist ca. 30 cm lang.
	Die Nahrung wird kräftig gemischt und dann portionsweise weitergeleitet. Der Magen kann 2-3 Liter _______________ fassen. Der Magensaft kann ______________________, die man mit dem Essen eingenommen hat, abtöten.
	Die Bauchspeicheldrüse und die ___________ münden in den Zwölffingerdarm. Hier beginnt die ___________ der in einfachste Moleküle zerlegten Nahrungsstoffe ins Blut.
	Fett, Eiweiß und Kohlenhydrate werden in ihre Bestandteile zerlegt. Hier erfolgt die Nährstoffweiterleitung ins ___________. Die 3.000-4.000 rund 1 mm langen ___________________ helfen bei der Nährstoffaufnahme.
	dem Speisebrei wird das ___________ entzogen
	Der _________________ Kot wird „gelagert" und dann über den _________________ ausgeschieden.

KOHL VERLAG Lernen mit Erfolg
Lernmodul 1: Der Mensch
Arbeitsblätter – Bestell-Nr. 13 121

Bau eines Zahnes

Aufgabe: *Ergänze die Abbildung und den Lückentext:*

Zahnkrone • Zahnhals • Zahnwurzel •
Zahnzement • sichtbare • Nerven • härteste

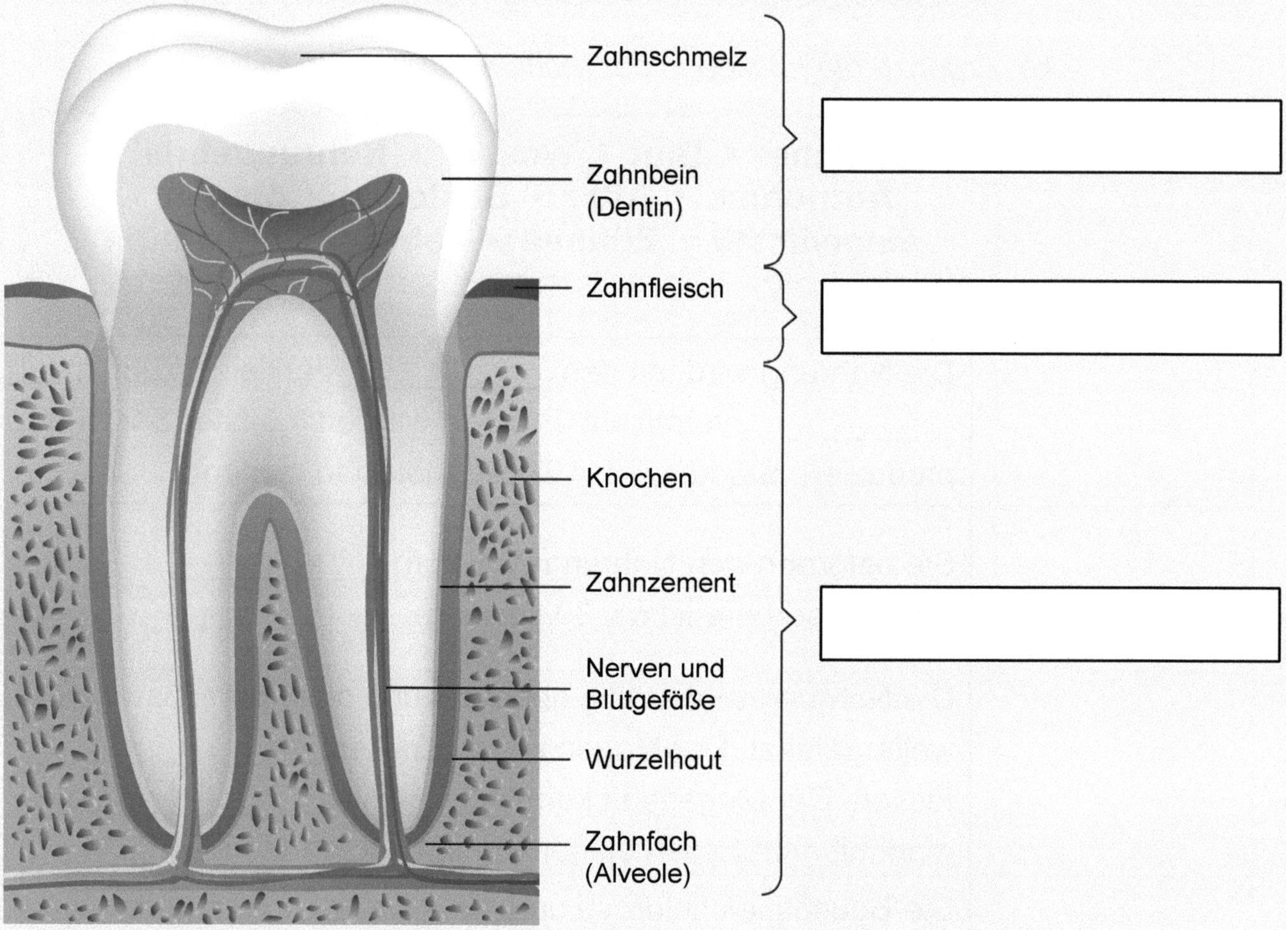

Der Zahn hat eine harte Struktur und ist im Kieferknochen eingebettet.

Wir gliedern in: Zahnkrone – Zahnhals – Zahnwurzel

Krone: ist der ________________ Teil des Zahnes, besteht aus dem Zahnbein, das mit Zahnschmelz bedeckt ist (= ________________ Substanz in unserem Körper).

Wurzel: ist im Kiefer eingebettet und wird von ________________ bedeckt.

Zahnhöhle: enthält weiches Bindegewebe, Blutgefäße, ________________.

Das **Milchgebiss** hat 20 Zähne, das **Dauergebiss** umfasst 32 Zähne.

Ernährungspyramide

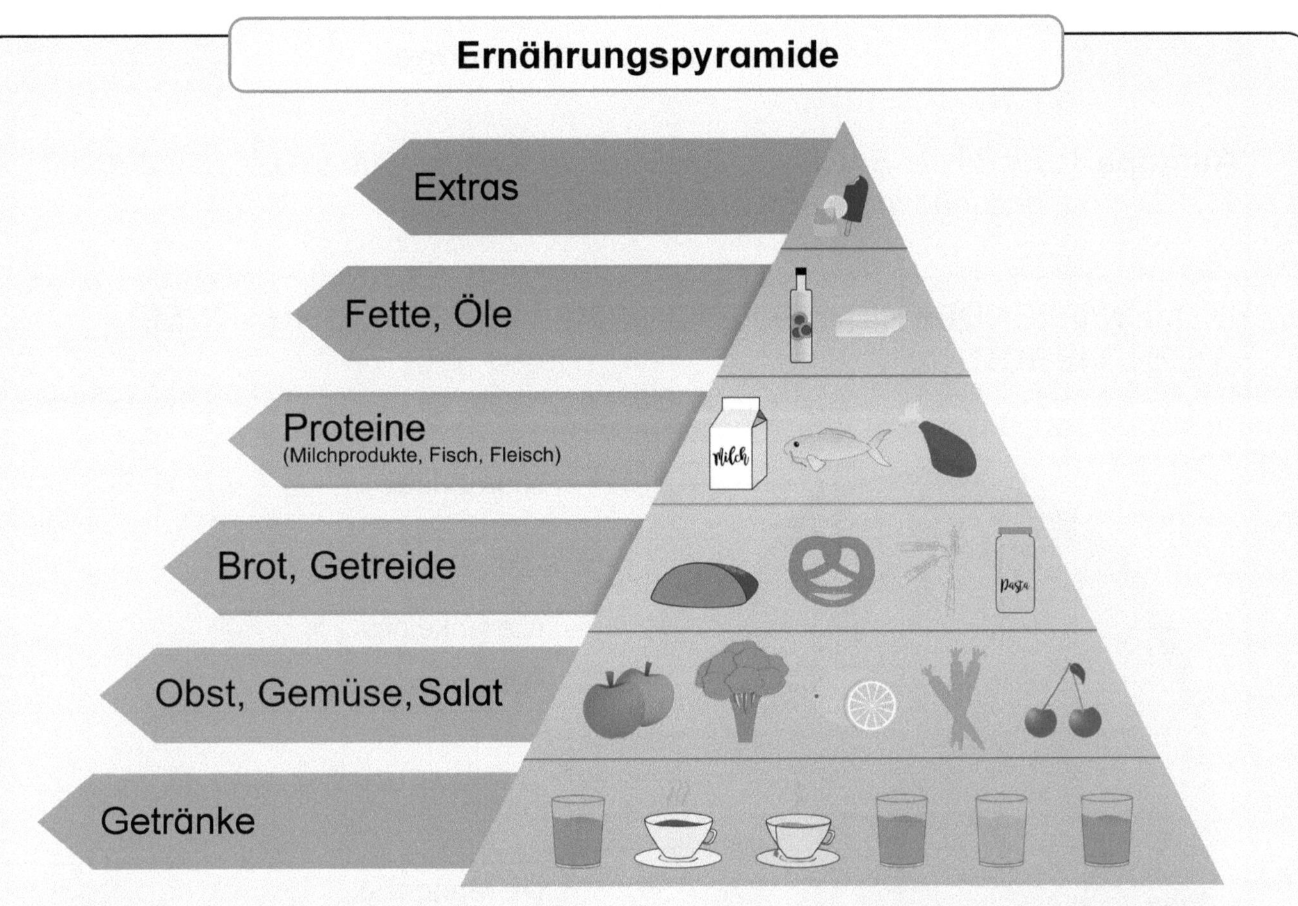

Aufgabe: *Finde die Begriffe in der Buchstabenschlange und ergänze damit passend in der Tabelle.*

DJFHSAUERSTOFFKDJDNMUSKULATURLEKJFKNOCHENS
JDHTIERISCHEJDHEBHVITAMINEDJFHSAUERSTOFFKD
JDNMUSKULATURLEKJFKUOCLENSJDHTIERISCHEJD
HEBHVITAMINESLKDJFHKNORPELFEFMINERALSTOFFEU
WZETSPFLANZLICHELEBENSNOTWENDIGMFJDHG

Eiweiße (Proteine)	Kohlenhydrate	Fette	weitere Nahrungs-inhaltsstoffe
Baustein unseres Körpers, wichtig für die ________________, die Haare, die Haut, den Transport von ________________	Vor allem ein Energielieferant! Baustoff für ________________ und ________________!	Energiereichster Nährstoff, wichtig für den Stoffwechsel ________________ und ________________ Fette	Wassertransport und Lösungsmittel, ________________, ________________ In kleinen Mengen ________________!

Lernmodul 1: Der Mensch
Arbeitsblätter – Bestell-Nr. 13 121
KOHL VERLAG Lernen mit Erfolg

Die Niere – eine Filteranlage

Aufgabe 1: *Finde die Begriffe in der Buchstabenschlange und ergänze damit passend in der Graphik.*

KDJHNIERENBECKENMDJEHGNIERENVENEKSJDHHARNLEI-TERNDJEHGD

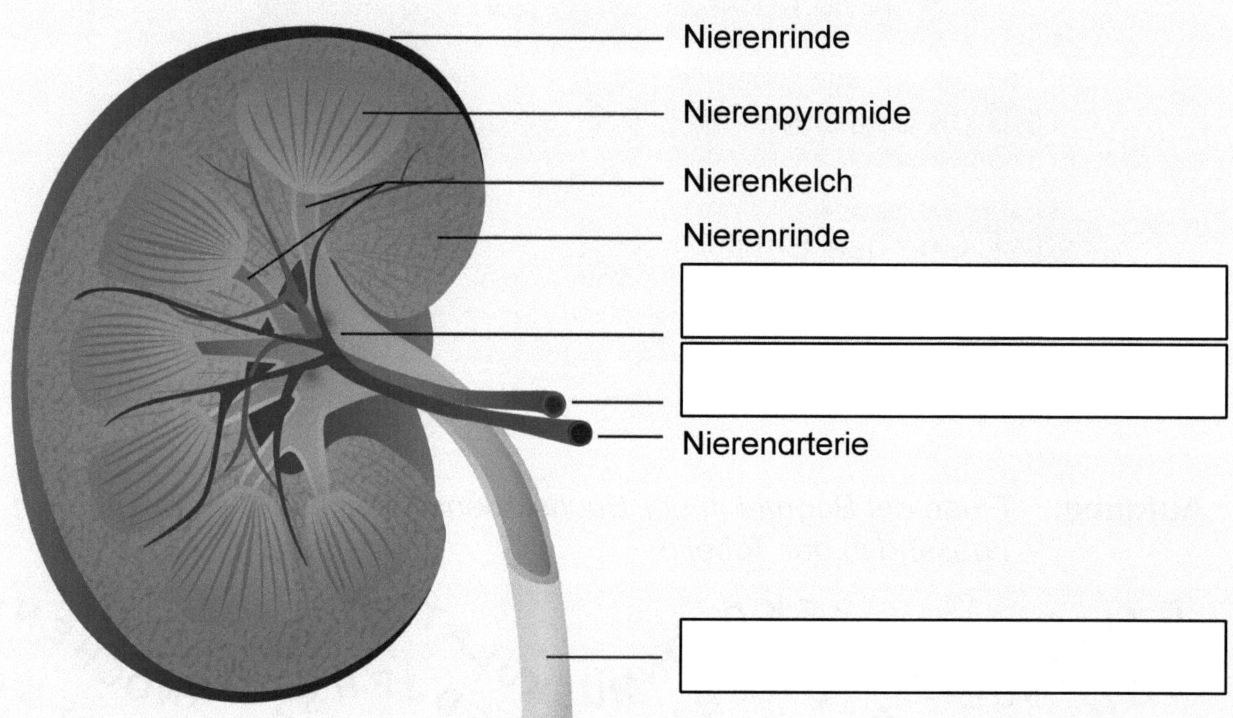

Aufgabe 2: *Ergänze den Lückentext:*

150 • Urin • Harnkanälchen • Blutmenge • 12

Die gesamte ____________________ des Körpers durchfließt täglich mehrere Male die Nieren.

Pro Tag wird 1-2 Liter Harn (________) gebildet. Harn gelangt über die

_________________________ ins Nierenbecken der Nieren.

Von dort wird der Harn durch die Harnleiter in die Blase geleitet und gesammelt.

Die Nieren sind bohnenförmig und braunrot. Sie haben eine Länge von ca. ________ cm, eine Breite von ca. 5 cm und eine Dicke von 3 bis 5 cm.

Eine Niere wiegt ca. ________ g.

Die Leber – ein Ausscheidungsorgan

Aufgabe: *Ergänze den Lückentext:*

entgiftet • Fettverdauung • 0,7 •
Gallenblase • Leberlappen • Blutes

Die Leber gliedert sich in einen großen rechten und in einen kleineren linken ______________________.

An der Unterseite befindet sich die ______________________.

Die Leberzellen bilden ständig Gallensaft (ca. ____________ Liter täglich).

Gallensaft dient der ______________________.

Die Leber ist von einem Netz kleinster Blutgefäße und Gallenwege durchzogen.

In der Leber entstehen die Gerinnungsstoffe des ______________________.

Die Leber ______________________ den Körper.

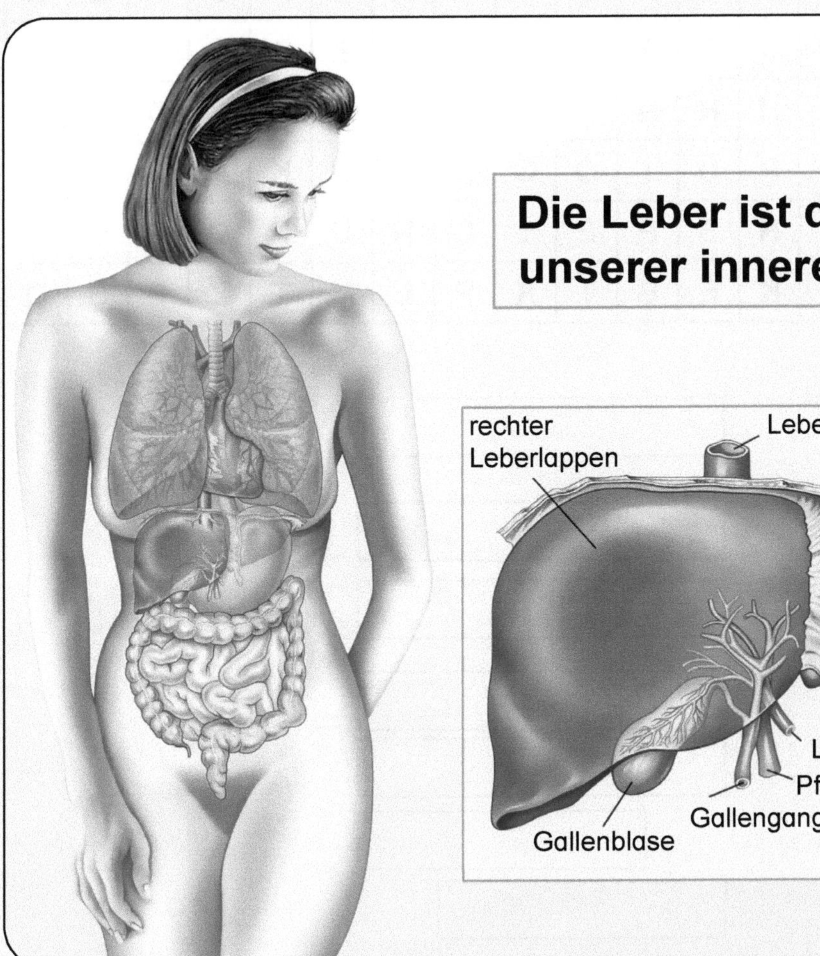

Die Leber ist das größte unserer inneren Organe

Lernmodul 1: Der Mensch
Arbeitsblätter – Bestell-Nr. 13 121
KOHL VERLAG

Lage der Hormondrüsen

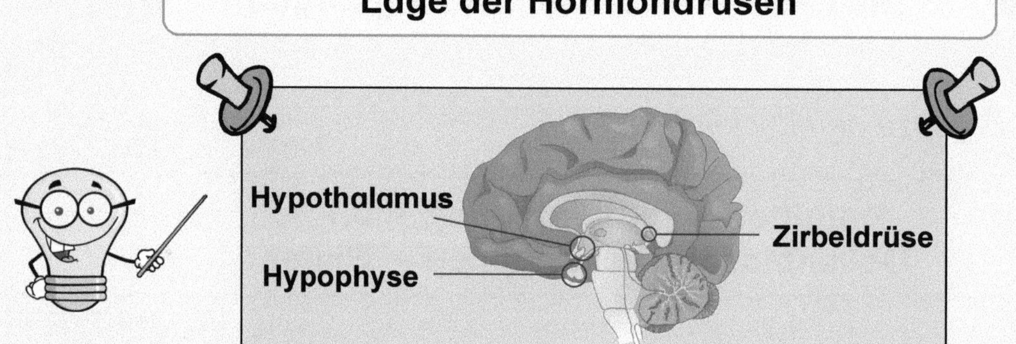

Aufgabe: *Ergänze die Graphik unten. Die benötigten Wörter sind im Suchsel versteckt.*

S	S	V	A	R	F	U	T	C	A	C	U	H	O	K	N	E	R	C	Z
C	Y	U	C	U	G	I	A	X	Y	W	A	C	T	N	E	I	K	B	U
U	C	N	E	I	E	R	S	T	Ö	C	K	E	C	U	H	K	P	V	U
H	Z	K	Ü	Ä	I	L	C	H	V	C	Z	J	N	O	L	E	D	W	Q
O	U	M	B	U	G	E	H	I	U	Y	T	F	G	E	H	I	R	N	C
M	N	E	B	E	N	N	I	E	R	E	M	O	K	P	Ü	G	U	R	T
Ä	K	S	Q	A	C	E	L	E	L	S	L	H	O	D	E	N	C	U	H
T	P	L	B	I	J	M	D	W	Ö	V	U	K	O	P	B	R	Z	W	A
R	T	H	Y	M	U	S	D	R	Ü	S	E	X	Z	B	I	K	P	Ö	V
B	S	T	E	O	K	H	R	N	M	F	G	U	I	K	B	O	E	W	F
U	T	U	V	U	K	P	Ü	I	O	G	Q	D	U	K	P	Ü	N	I	K
J	V	B	A	U	C	H	S	P	E	I	C	H	E	L	D	R	Ü	S	E
K	U	D	R	H	I	K	E	B	I	K	P	L	M	T	Z	E	S	Q	X

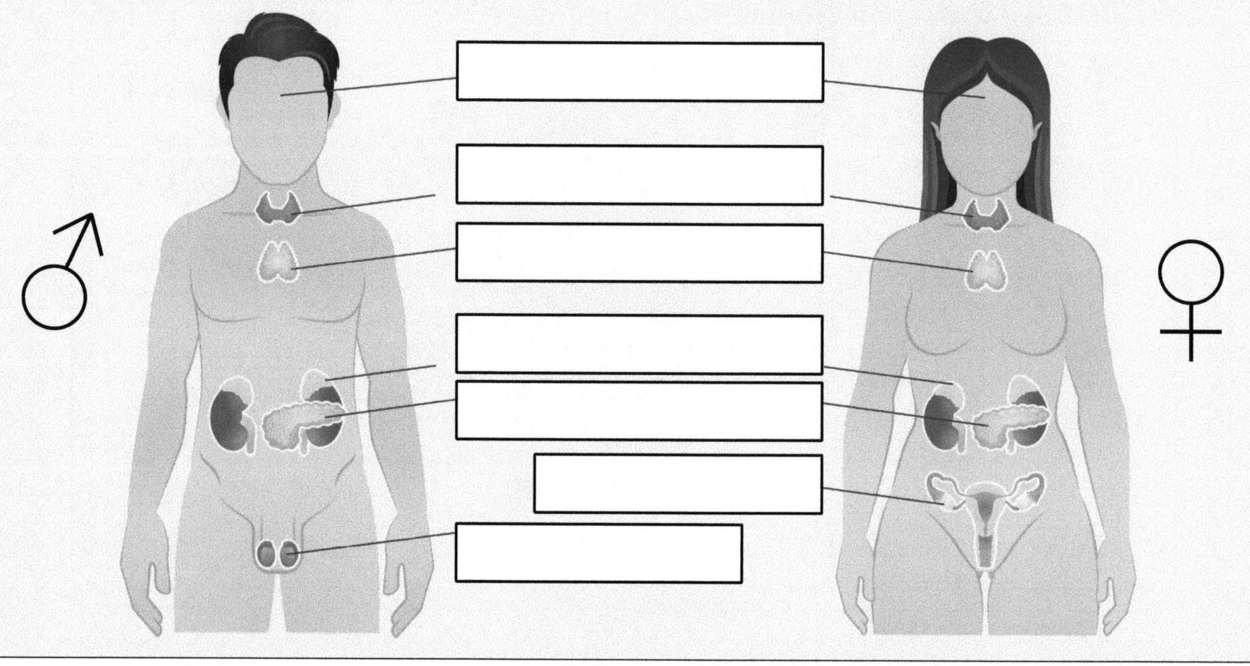

Hormondrüsen – Aufgaben

Aufgabe: *Ergänze die Begriffe an der passenden Stelle in der Tabelle:*

Schilddrüse • Thymusdrüse • Nebennieren • Zirbeldrüse • Bauchspeicheldrüse • Nebenschilddrüsen • weibliche Keimdrüsen • männliche Keimdrüsen • Hirnanhangdrüse/Hypophyse

	reguliert das Längenwachstum, den Wasserhaushalt des Körpers und den Blutdruck
	hemmt die Tätigkeit der Keimdrüsen und verhindert damit eine geschlechtliche Frühreife
	regelt den gesamten Stoffwechsel im Körper
	regulieren den Phosphor- und Kalziumstoffwechsel
	fördert die Entwicklung des jungen Organismus und bildet sich während der Pubertät zurück
	bildet Insulin und Glukagon; reguliert den Traubenzuckergehalt im Blut
	bilden das Hormon Adrenalin
	bewirken die Reifung des weiblichen Körpers
	bewirken die Entwicklung der männlichen sekundären Geschlechtsmerkmale

KOHL VERLAG Lernmodul 1: Der Mensch
Arbeitsblätter – Bestell-Nr. 13 121

Weibliche Geschlechtsorgane – Graphik

Aufgabe: *Ergänze die Graphik unten. Die benötigten Wörter sind im Suchsel versteckt.*

D	Y	Z	H	V	I	K	P	H	Ü	M	E	W	S	A	B	U	J	V	C
V	H	I	L	P	Ö	F	E	H	A	R	N	B	L	A	S	E	C	U	J
P	Q	A	D	T	G	C	U	N	O	R	D	U	H	J	C	M	M	A	L
U	E	I	E	R	S	T	O	C	K	C	U	G	O	Ö	H	C	Z	H	I
H	X	T	B	U	J	O	P	N	L	D	W	A	V	U	A	A	L	E	Y
J	Q	D	Z	G	I	K	N	M	I	V	U	K	P	L	M	W	R	I	Q
G	Q	G	E	B	Ä	R	M	U	T	T	E	R	R	E	L	V	U	L	Y
M	F	U	J	N	B	I	L	Ö	O	S	Z	H	P	L	I	S	L	E	V
O	Y	T	B	U	N	O	K	W	R	C	ZT	N	E	T	P	N	O	I	M
Ö	X	T	H	A	R	N	L	E	I	T	E	R	D	A	P	T	U	T	K
Ü	B	I	K	P	Ä	F	R	S	S	M	E	G	W	Q	E	C	N	E	M
W	S	Z	H	I	K	P	Ö	M	B	T	D	E	R	T	N	C	Z	R	B
D	X	T	G	H	U	J	O	G	N	I	K	D	T	G	B	N	M	X	Y

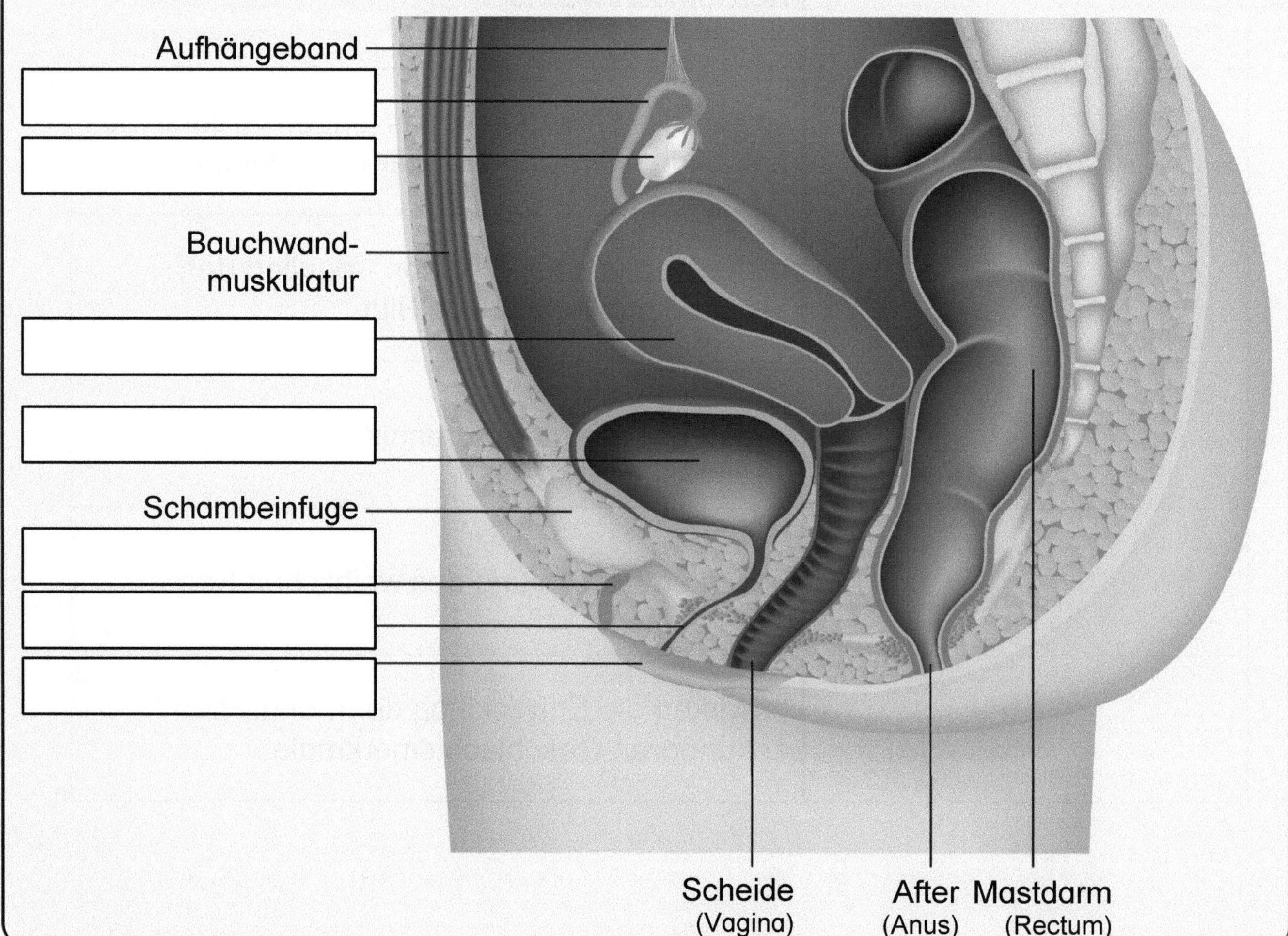

Männlich Geschlechtsorgane – Graphik

Aufgabe: *Finde die Begriffe in der Buchstabenschlange und ergänze damit passend in der Graphik.*

KLEKDNSAMENLEITERNFHDJWENHARNBLASEOEKDJB

HARNLEITERMDJHSGVORSTEHERDRÜSEMFJDHGPRO

STATAKDJHFGEVORHAUTMDJEHREICHELDMFNGHEUEZ

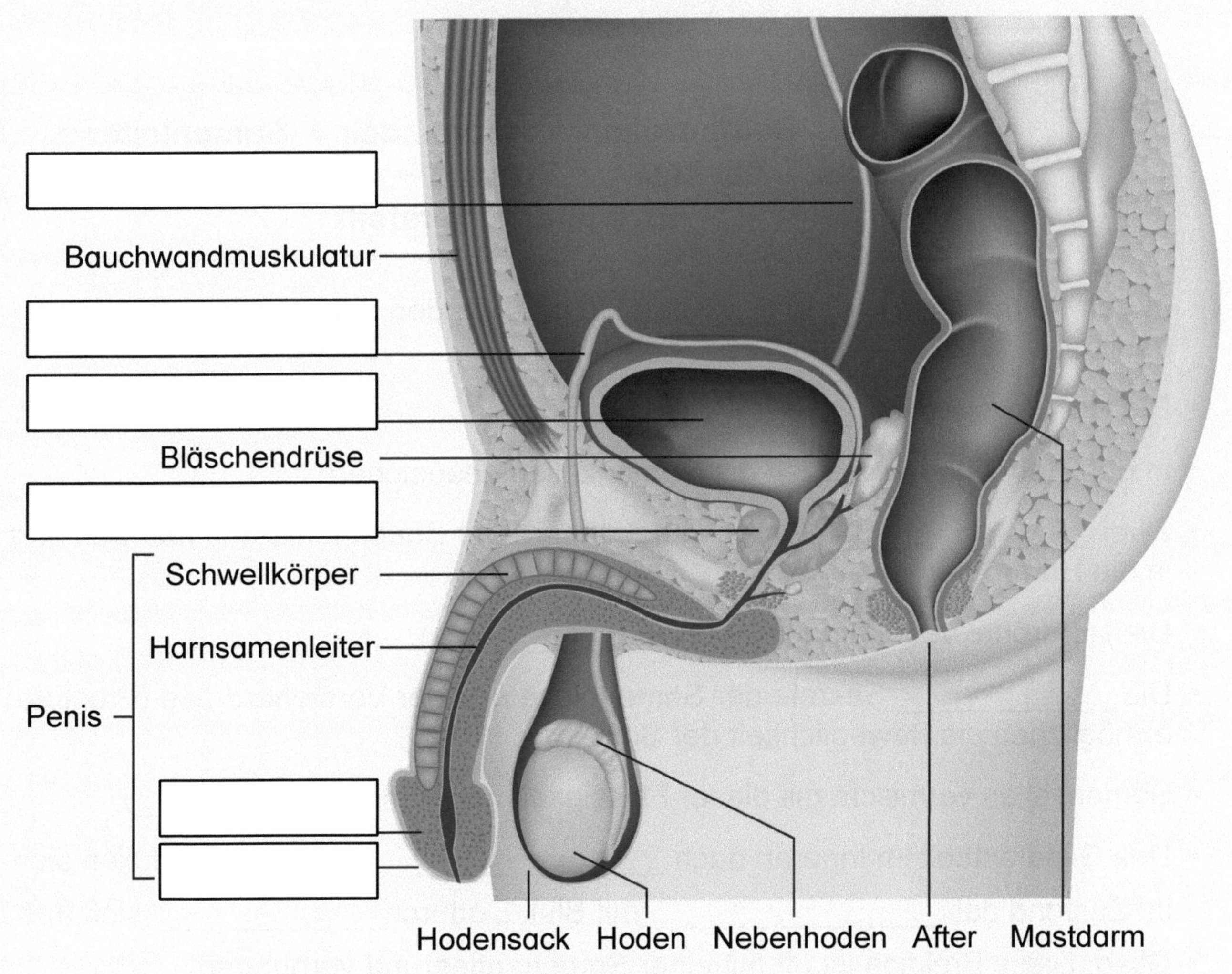

Lernmodul 1: Der Mensch
Arbeitsblätter – Bestell-Nr. 13 121
KOHL VERLAG

Die Geschlechtsorgane – Funktion

Aufgabe: *Ergänze den Lückentext zu ...*

a) ♀

Schamlippen • Gebärmutter • Einnistung • 200.000 • Klitoris • 28-30 • 700.000 • Eifollikel • Muttermund

- In jedem der beiden Eierstöcke befinden sich ca. ______________ Eizellen.
- Diese Eizellen ruhen bis zur Pubertät.
- Danach reift im Abstand von ________________ Tagen eine Eizelle heran.
- Sie ist von einem Flüssigkeitsbläschen (dem ________________) umgeben.
- Die Eizelle wandert in den Eileiter („Eisprung") in Richtung ______________.
- Es bildet sich ein Gelbkörperhormon, das die Gebärmutter auf die Ankunft und mögliche ____________________ eines befruchteten Eies vorbereitet.
- Die Gebärmutter ist durch den _________________________ mit der Scheide (Vagina) verbunden.
- Die _________________________ umschließen die Scheidenöffnung und die _______________________.

Aufgabe:

b) ♂

Hoden • Samenzellen • Hodensack • Samenleiter • Penis • flüssigen • Sperma • Schwellkörper • Erregung • versteift

- In den Keimdrüsen (__________) des Mannes werden die _________________ gebildet.
- Die Hoden liegen im _______________.
- In den Nebenhoden werden die Samenzellen gespeichert.
- Zwei ________________ führen in das Innere der Bauchhöhle und münden dort in die Harnröhre.
- Die Harnröhre verläuft auch im Glied (____________).
- Die _____________ Sekrete der Samenblase und der Vorsteherdrüse (Prostata) ermöglichen die Beweglichkeit der Samen.
- Samenzellen vermischt mit dieser Flüssigkeit nennt man ____________.
- Das Glied enthält im Inneren auch _________________________. Sie füllen sich im Zustand der _________________ mit Blut. Dadurch _____________ sich das Glied. Diese Erektion ist oft mit einer Samenentleerung verbunden.

Pubertät

- Die Jugendlichen bilden ihre eigene und unverwechselbare Identität aus.
- Dies gelingt durch das Reiben an Eltern und Lehrer, der Auseinandersetzung mit sich selbst, sowie mit Normen und Werten der Gesellschaft.

<u>Wichtig für die Jugendlichen ist</u>:

➲ Sich selbst zu finden und dabei ein positives Bild von sich selbst erlangen.
➲ Sich von den Eltern lösen.
➲ Die eigene Sexualität entdecken und diese leben.
➲ Dem beruflichen und privaten Lebensweg selbstständig nachgehen.
➲ Von den Eltern in wirtschaftlichen und gefühlsmäßigen Belangen zunehmend unabhängig werden.
➲ Die eigenen Wert- und Moralvorstellungen entwickeln.
➲ Zu den Wert- und Moralvorstellungen stehen und im Alltag umsetzen können.

<u>Aufgabe</u>: *Finde die Begriffe in der Buchstabenschlange und ergänze damit passend in den Text. Ö = OE und Ä = AE*

K D J F H P R I M A E R E N L K D J F H O E S T R O G E N E K D
J F H G D A N D R O G E N E K O S I A H D J F H G S K O E R P E R
L I C H E K D J F H S O Z I A L E N Z W T E R S E E L I S C H E K F
J F G V B V C S E K U N D A E R E N B Y C X V A R I A B E L F Z C

Männliche Geschlechtshormone (____________________) oder weibliche Geschlechtshormone (__________________) werden vermehrt hergestellt und ausgeschüttet.

Die __________________ Geschlechtsmerkmale (sind von Geburt an vorhanden: Scheide, Eierstöcke, Penis, Hoden …) und die __________________ Geschlechtsmerkmale (Schambehaarung, Bartwuchs, Brustentwicklung …) erreichen in der Pubertät ihre volle Ausprägung.

Der Zeitablauf ist hierbei __________________.

__________________ Veränderungen: Längenwachstum, sexuelle Reifung

__________________ Veränderung: kritische Auseinandersetzung mit Eltern und Freunden, Unausgeglichenheit, Stimmungsschwankungen ...

Veränderungen im __________________ Bereich: Die Jugendlichen treten aus dem familiären Bereich heraus, Freunde werden wichtiger.

Wirkung der Hormone ab der Pubertät

Die Hirnanhangdrüse gibt **Hormone** ins **Blut** ab.
Diese Hormone führen zu weitreichenden Veränderungen im Körper.
Sie wirken auf die **Keimdrüsen** und die **Nebennieren**, die dann beginnen, **Sexualhormone** zu produzieren.

Frau ♀	Mann ♂
Akne Achselbehaarung Entwicklung der ______________ Schambehaarung Reifung der ____________ ____________________ weitere Entwicklung der Geschlechtsorgane	Akne ____________________ ____________________ Achselbehaarung ________________________ Schambehaarung Reifung der __________________ weitere Entwicklung der Geschlechtsorgane

Aufgabe: *Übertrage die Begriffe an die richtige Stelle in der Tabelle.*

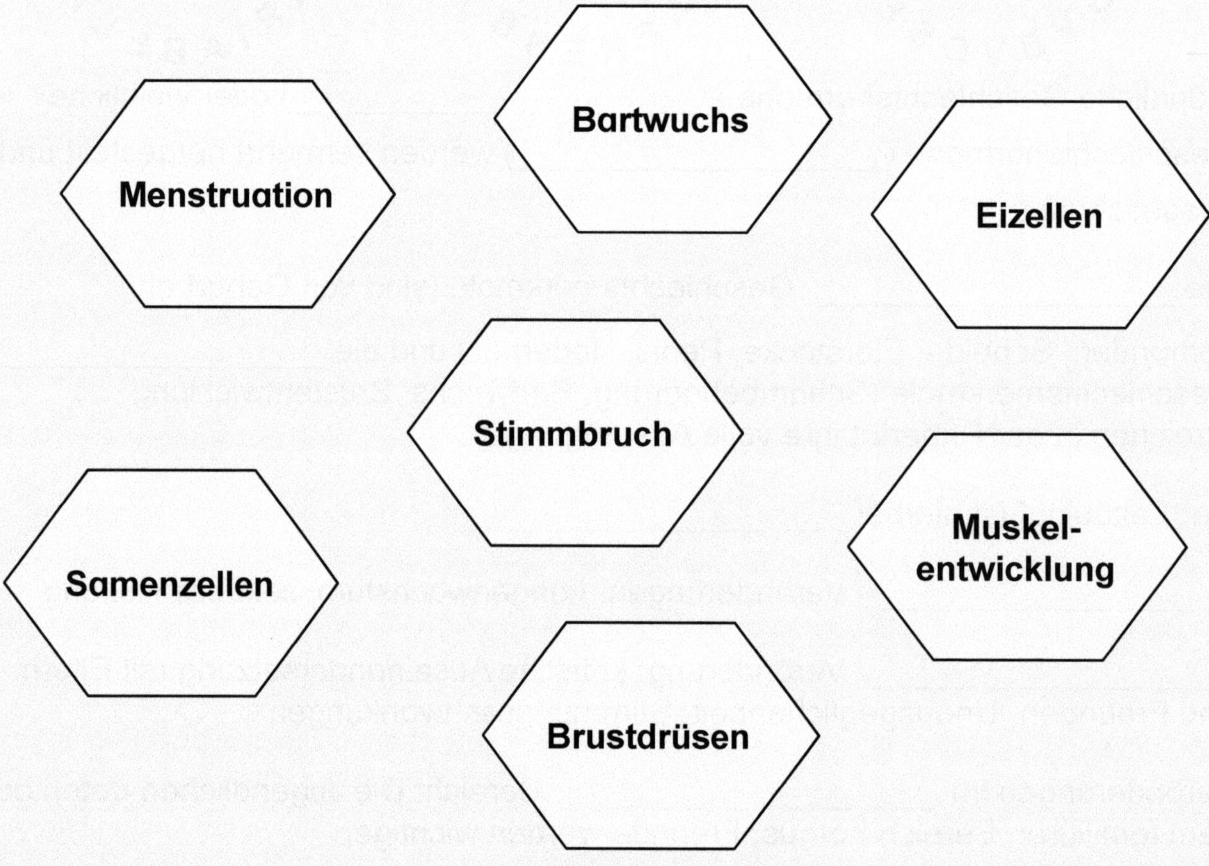

Befruchtung im Mutterleib

Aufgabe: *Finde die Begriffe in der Buchstabenschlange und ergänze damit passend in den Beschreibungen.*

1. Tag: Ei- und Samenzelle ____________________

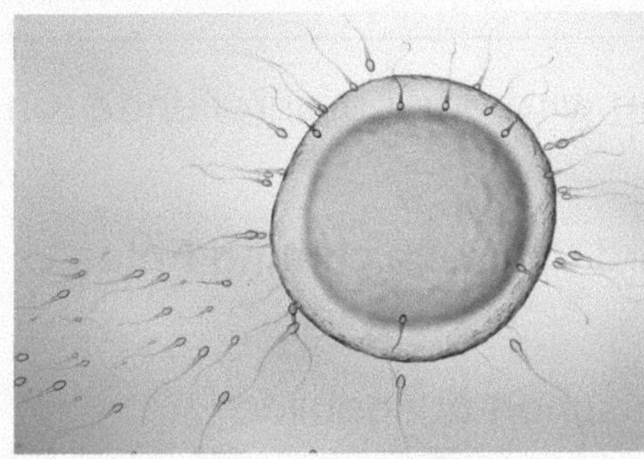
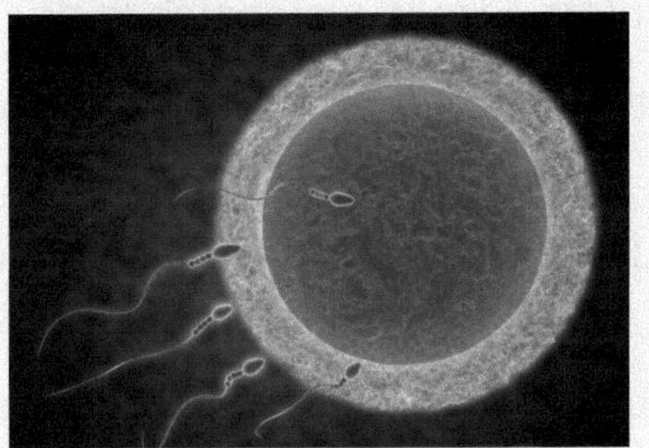

2. Tag: Zweizellstadium (viele _______________ folgen in den nächsten Tagen)

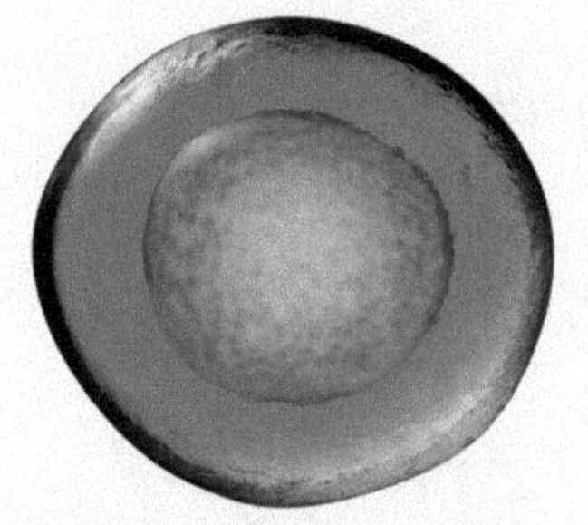
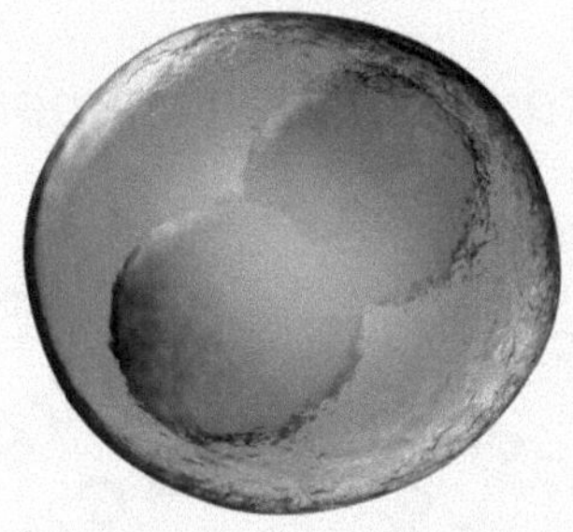
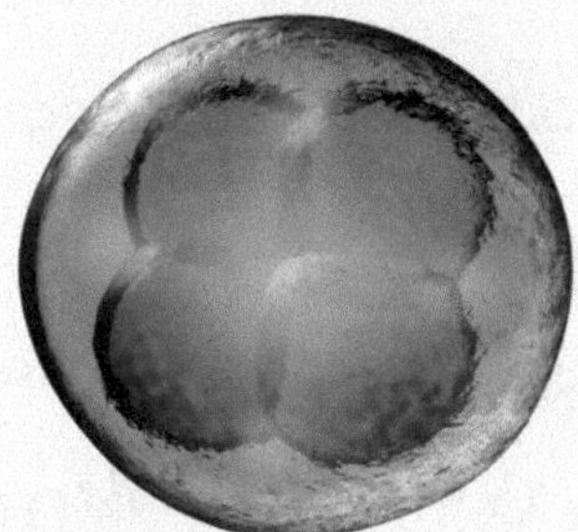
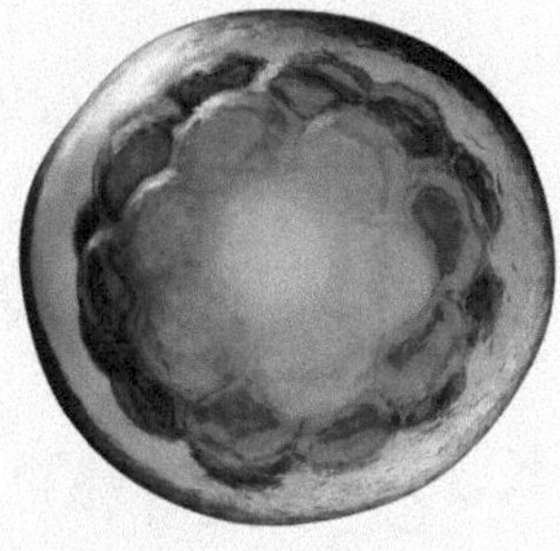

8.-12. Tag: _______________ im Uterus

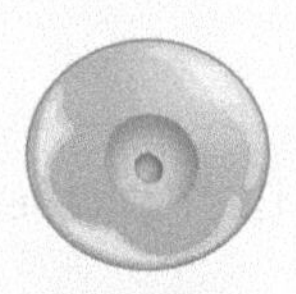
befruchtete Eizelle

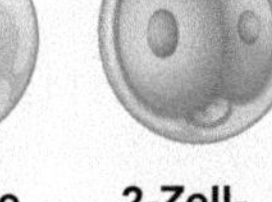
2-Zell-Stadium

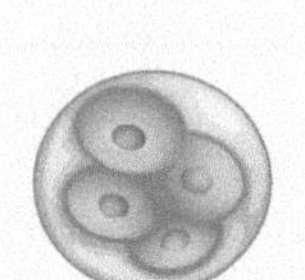
4-Zell-Stadium

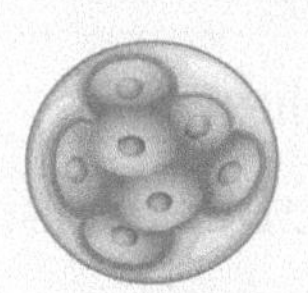
8-Zell-Stadium

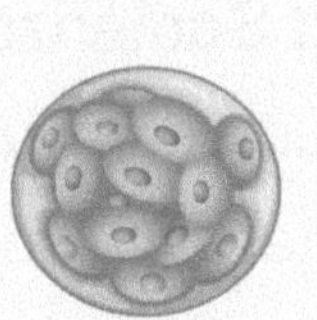
16-Zell-Stadium

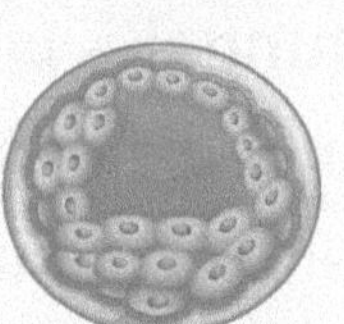
Blastozyste

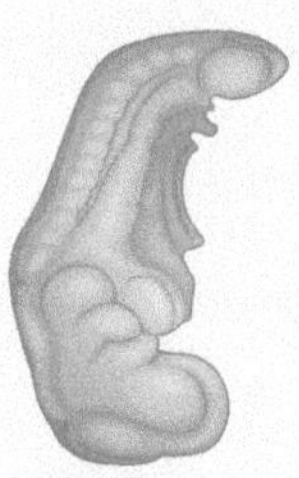
Fötus – 4 Wochen

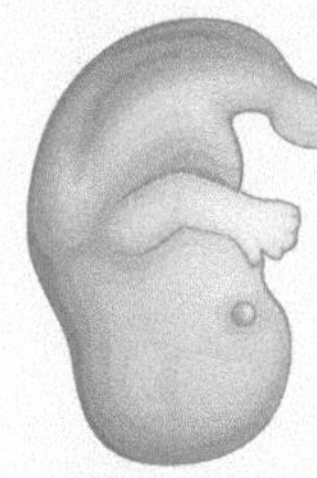
Fötus – 10 Wochen

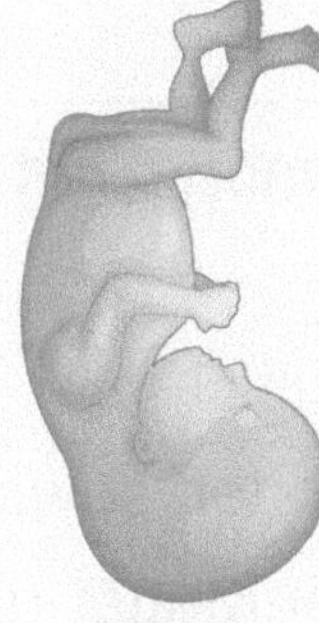
Fötus – 16 Wochen

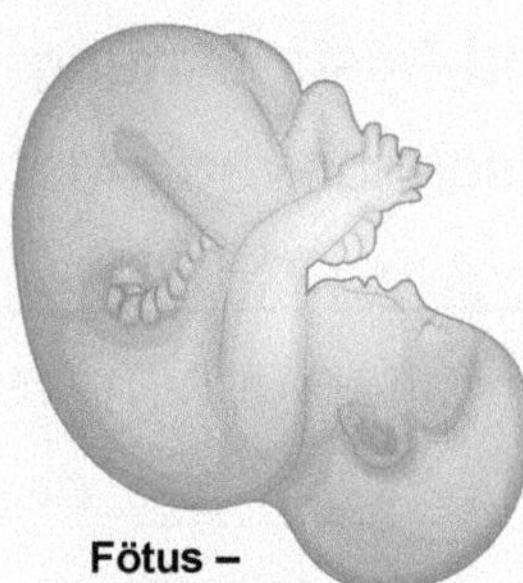
Fötus – 20 Wochen

KOHL VERLAG
Lernmodul 1: Der Mensch
Arbeitsblätter – Bestell-Nr. 13 121

Schwangerschaft

Aufgabe 1: *Ergänze den Lückentext:*

Nabelschnur • Gebärmutterschleimhaut •
Befruchtung • 280 • Fötus • inneren • Embryo • 190

- Die Schwangerschaft dauert ca. _______ Tage.
- Die Schwangerschaft ist der Zeitraum, in dem eine befruchtete Eizelle zu einem Kind heranreift.
- Das Leben des Kindes beginnt mit der ________________ der Eizelle.
- Die befruchtete Eizelle nistet sich in der ____________________________ ein.
- In den ersten acht Schwangerschaftswochen wird das heranreifende Kind als __________________ bezeichnet.
- Ab der neunten Schwangerschaftswoche wird die Bezeichnung Fetus (______________) verwendet.
- Jetzt sind die _____________ Organe auch schon ausgebildet.
- Über die ____________________________ und den Mutterkuchen findet der Stoffaustausch zwischen Mutter und Kind statt.

Aufgabe 2: *Finde die gesuchten Begriffe in der Buchstabenschlange.*

O K F J D H N A E H R S T O F F E L D K F F V E R S C H M E L Z E N K D J F H
G U N I S T E T M N F N F B T E I L T M D N F B H G E S C H U E T Z T K D S O K D
K J G S B M U T T E R K U C H E N D K F J G H G C E T F R U C H T W A S S E R B W J

Befruchtung: Ei- und Samenzelle __________________.
Einnistung: die befruchtete Eizelle ___________ sich und ____________ sich in der Gebärmutterschleimhaut ein. Nun entsteht eine Fruchtblase mit ______________.
Der Embryo wird durch das Fruchtwasser vor Stößen und Austrocknung _________________.
Die Nabelschnur verbindet den Embryo mit dem ______________________.
Über den Mutterkuchen werden die ________________, der Sauerstoff sowie Abfallstoffe zwischen dem Blut der Mutter und dem des Embryos ausgetauscht.

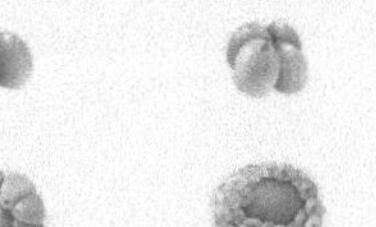

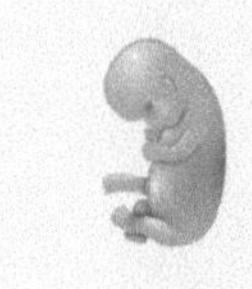

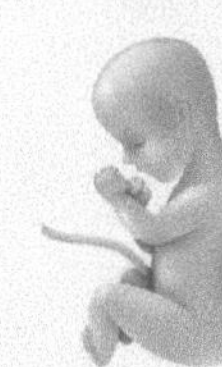

Die letzten Schwangerschaftswochen

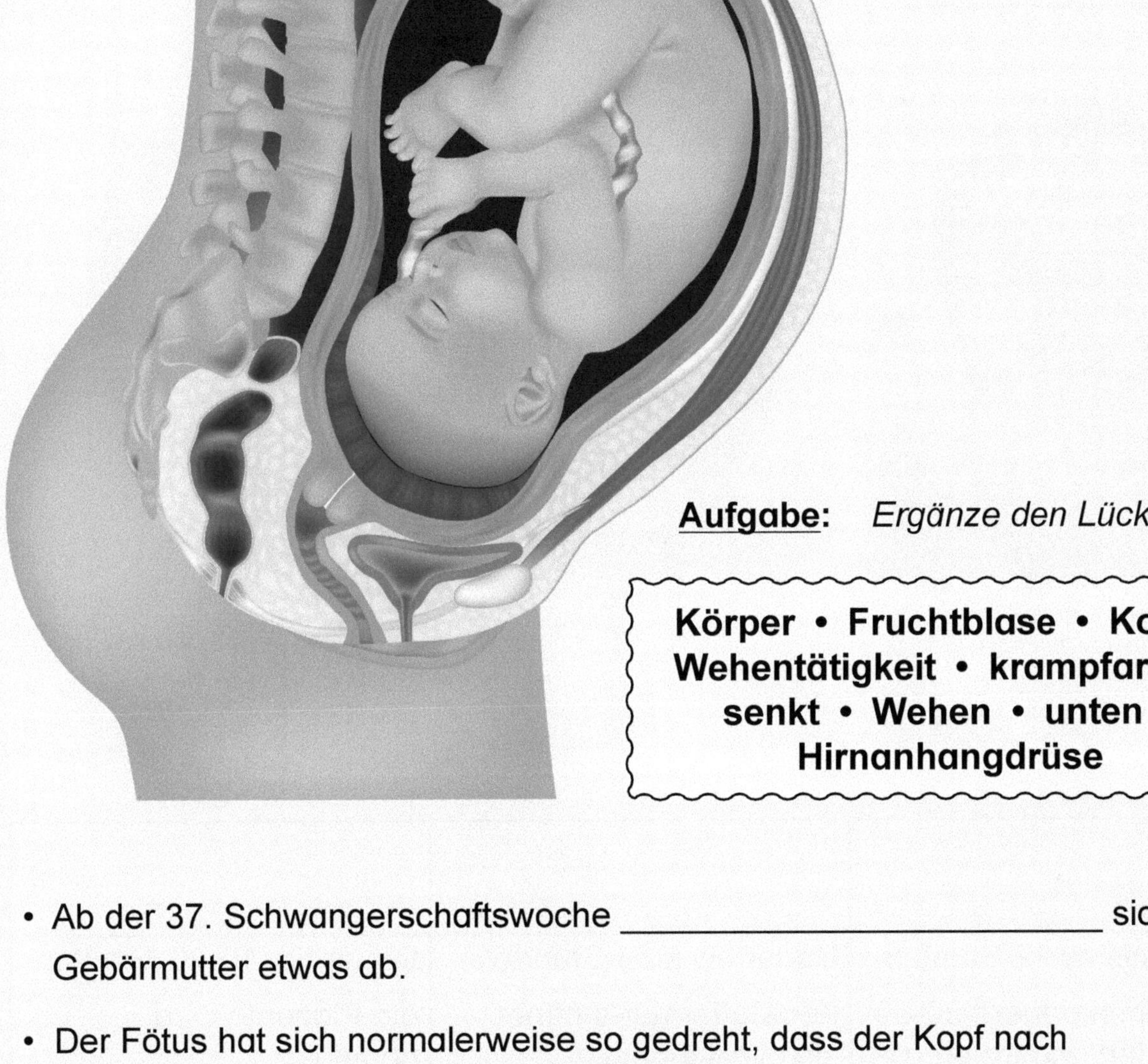

Aufgabe: *Ergänze den Lückentext:*

Körper • Fruchtblase • Kopf • Wehentätigkeit • krampfartig • senkt • Wehen • unten • Hirnanhangdrüse

- Ab der 37. Schwangerschaftswoche ______________________ sich die Gebärmutter etwas ab.
- Der Fötus hat sich normalerweise so gedreht, dass der Kopf nach ______________________ gerichtet ist.
- Die Geburt wird durch ______________________ eingeleitet.
- Die Muskeln der Gebärmutter ziehen sich ______________________ zusammen.
- Ein Hormon der ______________________ steuert diesen Vorgang.
- Der Gebärmuttermund erweitert sich durch die ______________________.
- Die ______________________ platzt daraufhin, das Fruchtwasser fließt ab.
- Der ______________________ des Kindes wird durch den Muttermund und die Scheide gepresst.
- Der ______________________ gleitet nun ebenfalls nach außen.

KOHL VERLAG Lernmodul 1: Der Mensch
Arbeitsblätter – Bestell-Nr. 13 121

Die Geburt beginnt

Eine Geburt dauert meistens mehrere Stunden. Man unterteilt in drei Geburtsphasen:

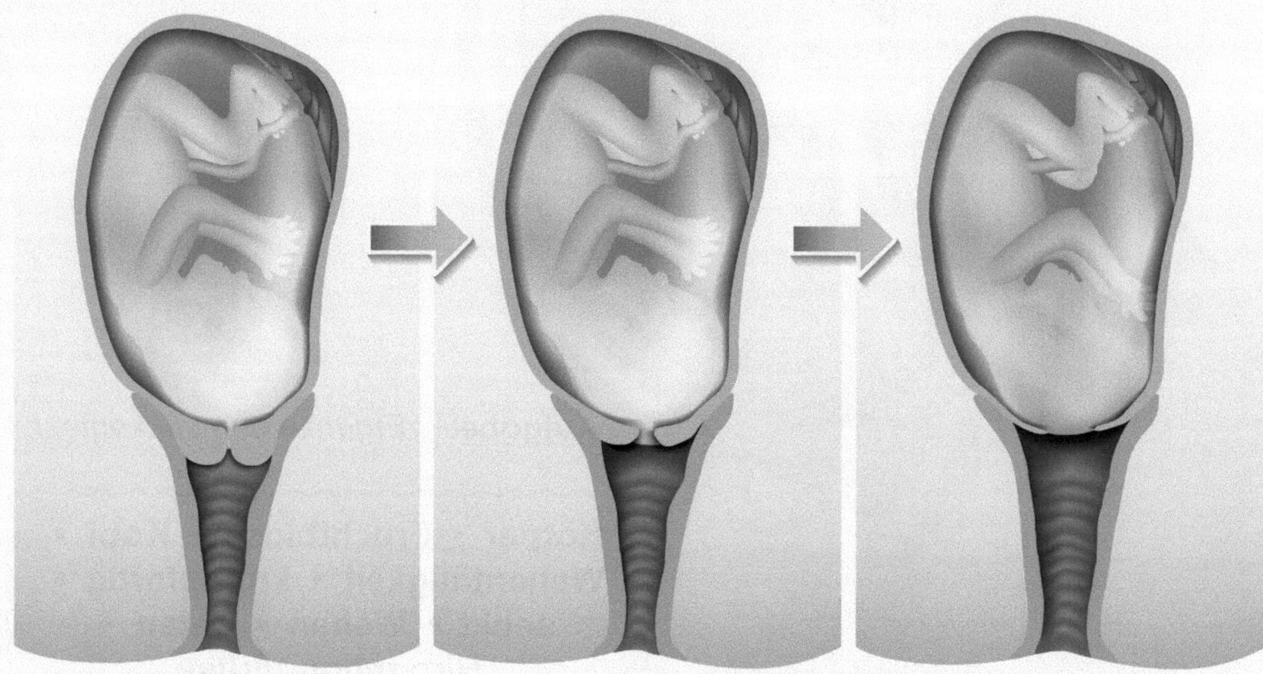

Dauer bis zu 12 Stunden; die Wehen dauern 30-60 Sekunden und treten alle 5-20 Minuten auf; der Muttermund weitet sich auf bis zu 10 cm; es kommt zum Blasensprung	Dauer bis zu 1 Stunde; der Muttermund öffnet sich vollständig; die Wehen treten alle 4-10 Minuten ein; durch Presswehen gleitet das Kind durch den Scheidenausgang	Dauer ca. 10-20 Minuten; die Plazenta wird abgelöst

Aufgabe: *Ordne die 3 Begriffe der jeweiligen Geburtsphase zu:*

Nachgeburtsphase • Eröffnungsphase • Austreibungsphase

Nach der Geburt

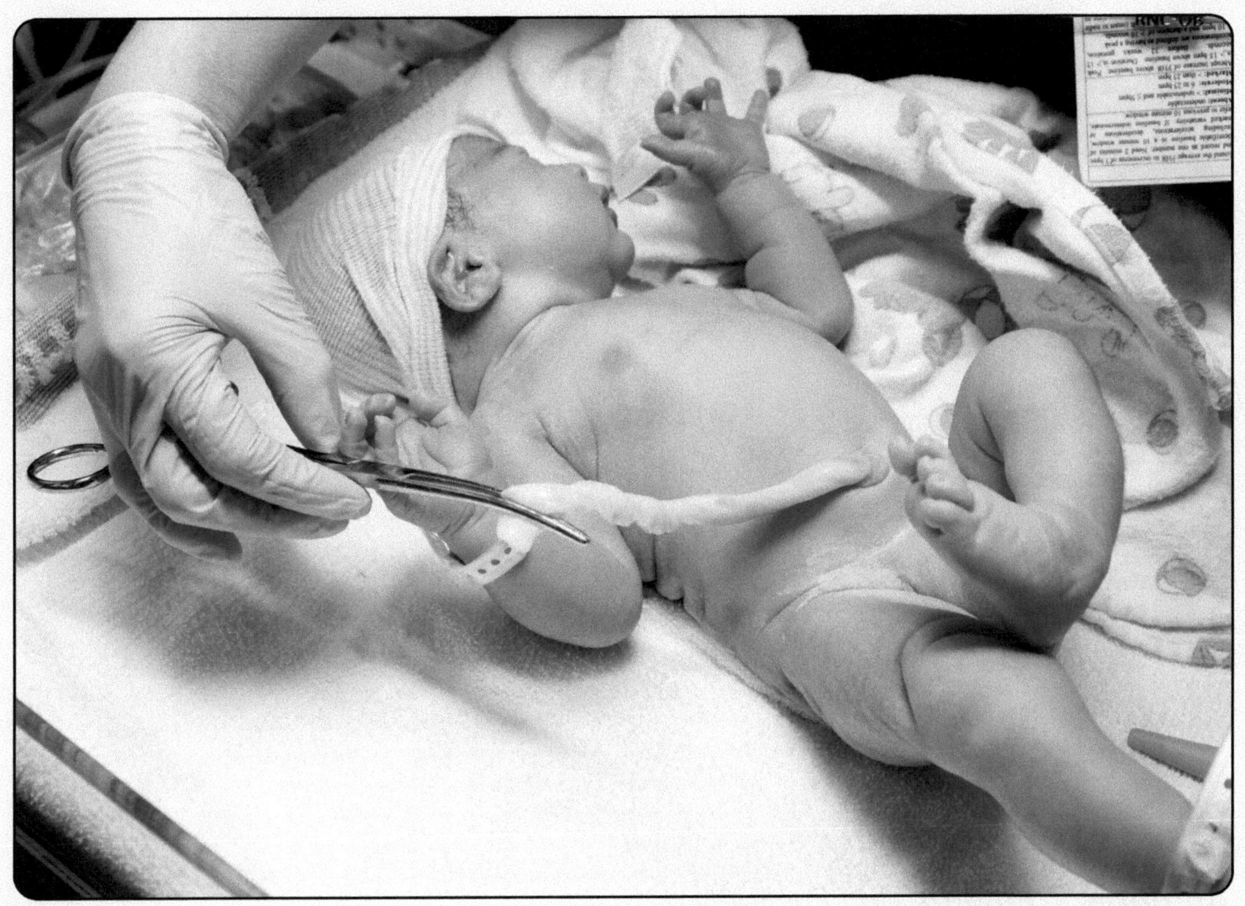

Aufgabe: *Ergänze den Lückentext:*

Gebärmutter • Atemzug • Milch • Nabelschnur • Nachwehen

Das Neugeborene macht den ersten ________________________.

Die ________________________ wird durchtrennt.

Die Reste der Fruchtblase und der Nabelschnur sowie der Mutterkuchen werden ausgepresst.

Die Hormone der Hirnanhangdrüse veranlassen, dass in den Brustdrüsen ________________________ erzeugt wird.

Die Muttermilch enthält alle wichtigen Inhaltsstoffe, die der Säugling zum Leben braucht.

Bei der Mutter setzen nun im Wochenbett die ________________________ ein.

Die Nachwehen bewirken eine Rückbildung der ________________________.

Zwillingsschwangerschaft

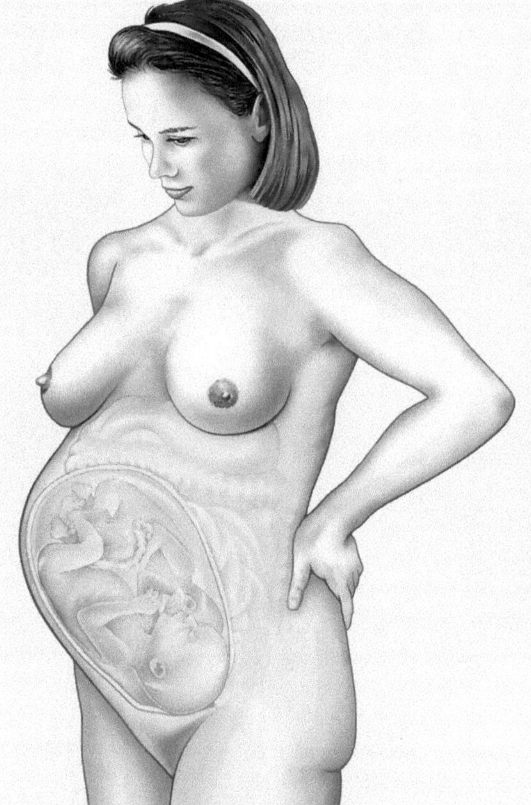

Schwangerschaft Zwillingsgeburt

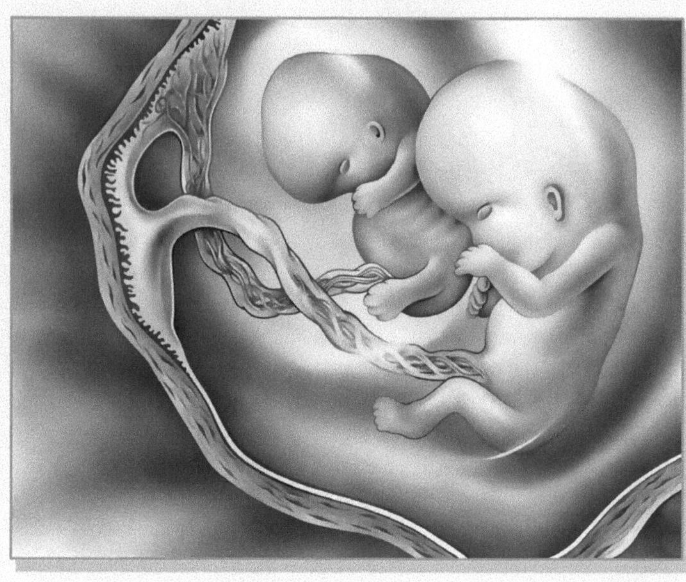

Aufgabe: *Ergänze den Lückentext:*

genetisch • zwei • verschiedenen • eine • unterschiedlich • identisch

Eineiige Zwillinge:

- ______________________ Eizelle wird befruchtet
- ca. ⅓ aller Zwillingsschwangerschaften sind eineiige Zwillinge
- in den ersten 3 Tagen nach der Verschmelzung von Ei- und Samenzelle (Befruchtung) teilt sich die Eizelle in 2 genetisch idente Teile. Das Erbgut ist dadurch auch ______________________.

➲ immer das gleiche Geschlecht

Zweieiige Zwillinge:

- ______________________ Eizellen werden befruchtet
- Die Befruchtung der 2 Eizellen kann auch zu ______________________ Zeitpunkten erfolgen.
- Das Erbgut der Zwillinge ist somit ______________________ ; die Zwillinge können gleich- aber auch verschiedengeschlechtlich sein.

Weitergabe von Erbinformationen

Blütenfarbe

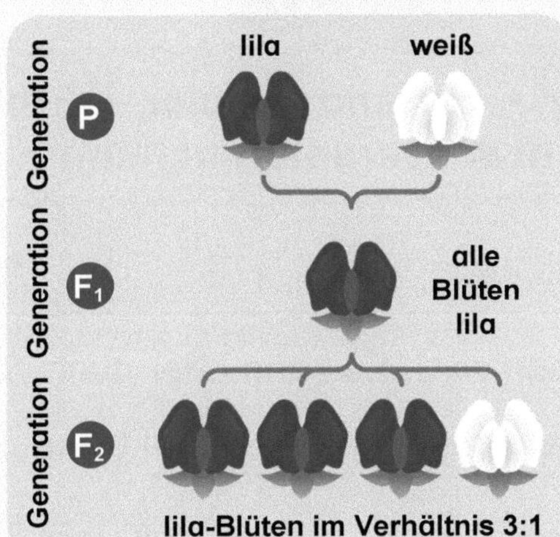

Pflanzengröße

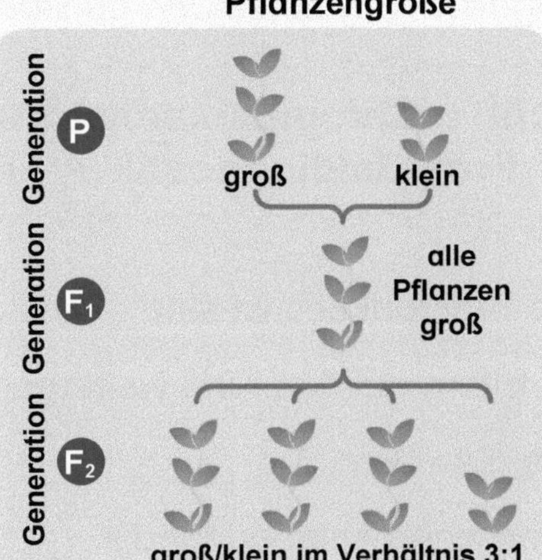

Aufgabe: *In der Buchstabenschlange und im Wörterkasten findest du einige mögliche Antworten für den Lückentext. Aber Achtung: Nicht alle Angaben sind korrekt! Finde die richtigen Lösungen und trage ein.*

JHAGDESOXYRIBONUKLE
INSAEURELKBDJHAUGUSTI
NERORDENLKDERBSEKFJH

Genen • Arzt • Muster • Garten • 1822-1884 • 1912-1989 • Abt • Labor

Vererbung = Weitergabe von Erbinformationen (________________)

DNA = ____

Wann lebte Gregor Johann Mendel?

Er lebte von ________________.

Welchen Beruf übte Mendel aus?

Er war Priester und ______________ in einem ______________________.

Mendel machte Kreuzungsexperimente im ________________ seines Klosters.

Mendel entdeckte ________________ in der Vererbung und formulierte damit die Mendelschen Regeln.

Erbkrankheiten

Aufgabe: *Ergänze den Lückentext:*

nicht • Chromosomenstörung • chromosomaler • Erbkrankheit • Pränataldiagnostik • Fruchtwasseruntersuchung • Lebens

Eine Erbkrankheit ist eine ______________________________ die von den Eltern auf das Kind weitergegeben wird. Es kann aber auch vorkommen, dass die Eltern ___________ an der Erbkrankheit erkrankt sind. Die genetischen Anlagen für die _____________________ bestehen von Geburt an. Sie entwickeln sich also NICHT im Laufe des __________________.

Erbkrankheiten sind z. B.:

- **Trisomie 21 (Down-Syndrom)**

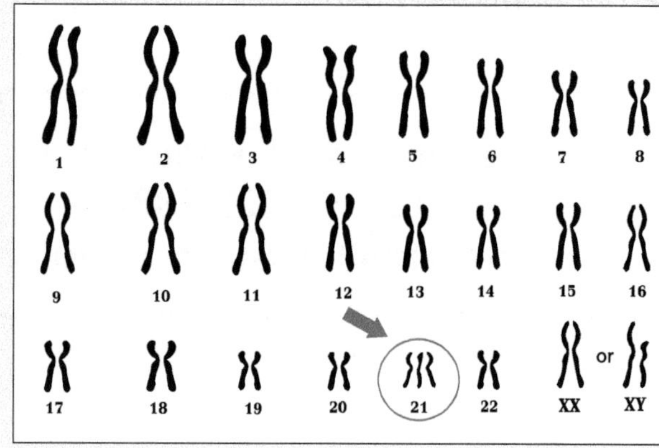

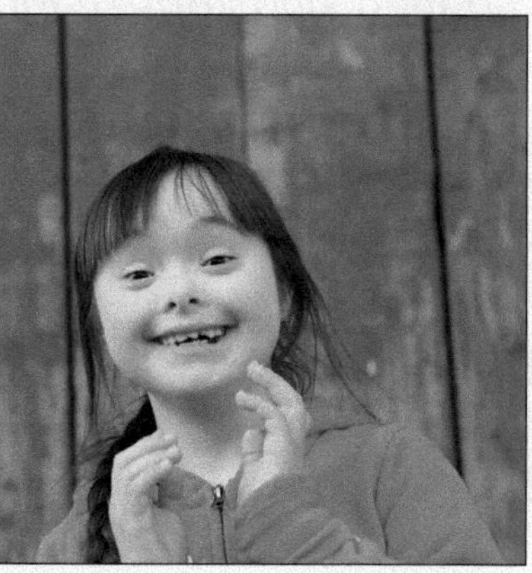

- **Lippen-Kiefer-Gaumenspalte**

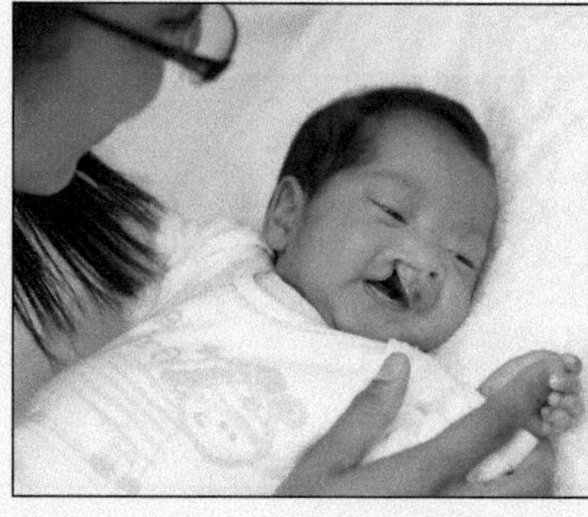

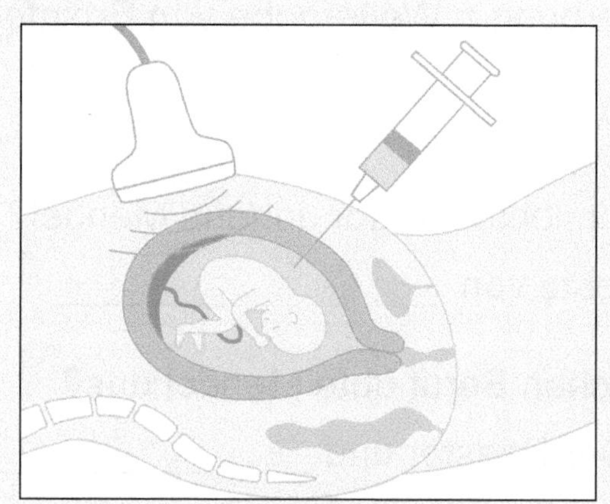

Fruchtwasseruntersuchung

- **Mukoviszidose und Hämophilie (Bluterkrankheit)**

Durch die __________________________ sind Erkrankungen bereits sehr früh erkennbar. Die ________________________ ermöglicht die Erkennung vieler ________________________ Erkrankungen im Embryonalstadium.

Verhütungsmethoden

Aufgabe: *Ergänze die Tabelle unten. Die benötigten Wörter sind im Suchsel versteckt.*

P	J	Z	H	H	X	X	D	T	H	I	U	B	E	T	U	H	Q	D	D
I	S	T	E	R	I	L	I	S	A	T	I	O	N	V	G	Z	V	A	Z
L	D	R	T	M	G	H	R	D	X	P	Z	D	I	P	J	K	S	T	S
L	X	G	A	V	M	G	H	A	P	W	A	A	T	Q	L	C	G	I	B
E	O	W	B	Q	C	E	Z	N	V	G	C	J	K	J	J	P	K	W	Y
P	M	M	K	I	F	H	O	R	M	O	N	P	F	L	A	S	T	E	R
T	K	O	E	E	Y	O	J	H	L	X	B	Q	D	C	B	X	T	U	T
F	O	F	H	M	B	P	S	H	H	B	U	N	C	F	H	R	O	V	P
I	N	L	O	F	E	W	Y	G	K	W	B	D	L	U	R	Y	O	A	I
A	D	K	C	G	C	D	X	N	F	L	B	D	T	H	C	T	R	G	S
Q	O	M	H	L	Q	X	S	Y	Y	A	K	R	G	L	W	T	B	I	D
N	M	R	K	S	N	X	B	D	O	J	R	R	C	O	N	A	A	N	I
D	R	E	I	M	O	N	A	T	S	S	P	R	I	T	Z	E	Y	A	A
S	G	G	X	H	S	Z	M	S	O	B	Z	M	I	O	J	J	D	L	P
P	C	A	D	H	N	E	X	D	D	H	U	J	T	N	B	O	A	R	H
C	D	F	G	B	U	M	R	D	W	O	K	P	O	D	P	R	Z	I	R
M	E	O	F	S	A	Z	X	L	T	S	N	S	Z	A	P	W	J	N	A
R	P	D	H	O	R	M	O	N	S	P	I	R	A	L	E	K	M	G	G
N	Q	H	Q	K	H	A	N	F	O	K	P	L	P	H	K	U	M	P	M
A	D	A	I	N	G	L	W	C	A	N	S	F	Q	B	C	C	I	B	A

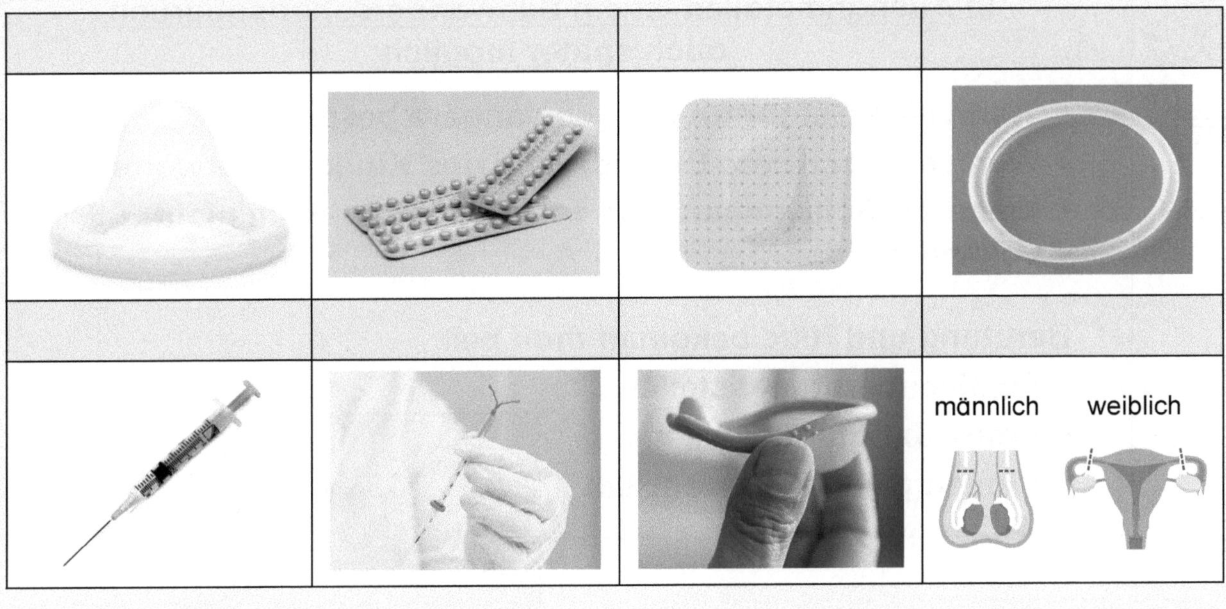

Lernmodul 1: Der Mensch
Arbeitsblätter – Bestell-Nr. 13 121
KOHL VERLAG

Schwangerschaftsabbruch

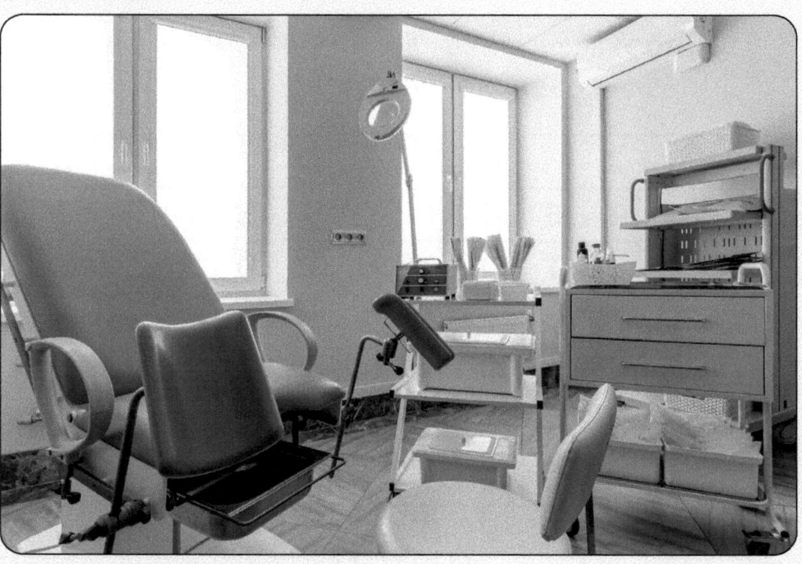

Aufgabe:
Ergänze den Lückentext:

staatlich anerkannten Beratungsstelle • 3 Monate • Arzt • Ärztin

Ein Schwangerschaftsabbruch ist innerhalb der ersten ____________________ nach dem Beginn einer Schwangerschaft möglich.

Die Schwangere muss die gesetzlich vorgeschriebene Schwangerschaftskonfliktberatung bei einer ____________________________ ________________________ wahrnehmen.

Der Schwangerschaftsabbruch muss durch einen ______________/eine ______________ erfolgen.

In Ausnahmefällen ist ein Schwangerschaftsabbruch auch später möglich:

- **Wenn eine Gefahr für die Schwangere besteht;**
- **Wenn eine schwere Behinderung des Kindes zu erwarten ist;**
- **Wenn die Schwangere das 14. Lebensjahr noch nicht vollendet hat.**

Beratung und Hilfe bekommt man bei:

- **Familienberatungsstellen**
- **Frauenberatungsstellen**
- **Frauengesundheitszentrum**

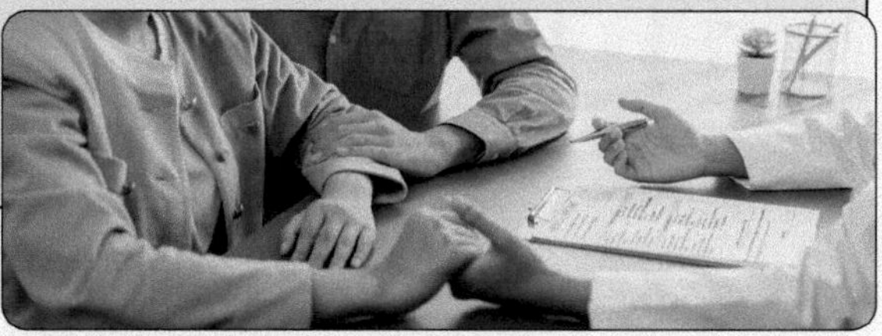

Geschlechtskrankheiten

Erkrankungen der Geschlechtsorgane sind mit dem Sexualverhalten eines Menschen verbunden.

Personen, die ihre Sexualpartner häufig wechseln, sind stärker von einer Ansteckung bedroht.

<u>**Aufgabe**</u>: *Ergänze die Tabelle unten. Die benötigten Wörter findest du im Wörterkasten.*

Syphilis • *Herpes genitalis* • Tripper • Chlamydien

	Schmerzhafte Entzündungen der Harnröhre, der Gebärmutterschleimhaut oder der Harnsamenröhre; Eitriger Ausfluss Unfruchtbarkeit bei fortschreitender Erkrankung
	Geschwüre an der „Eintrittsstelle“, die nach einiger Zeit wieder verschwinden; Gesamter Organismus wird mittlerweile von Krankheits-erregern überschwemmt; nach 6 Wochen: ansteckender Ausschlag; 2-6 Jahre später: innere Organe werden geschädigt, kann zum Tod führen
	Entzündungen der Harnröhre, des Genitalbereiches und des Enddarms; Infektion verläuft oft ohne oder nur mit leichten Symptomen → wird dadurch manchmal nicht entdeckt; Infektion ist heilbar!
	Entzündungen der Geschlechtsorgane; Der Auslöser ist ein Virus; Weltweit sind 13 % der Menschen mit dieser Infektion schon einmal in Kontakt gekommen

AIDS – Definition und Ursachen

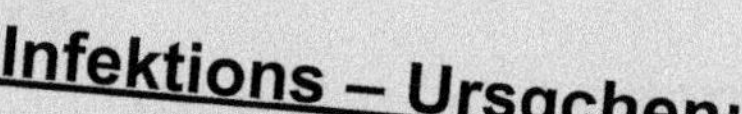

Infektions – Ursachen:

- **Geschlechtsverkehr**
- **verwenden von nicht sterilen Injektionsnadeln z. B. bei Drogenabhängigen**
- **Blutkontakt bei Verletzungen**

Keine Gefahr besteht:

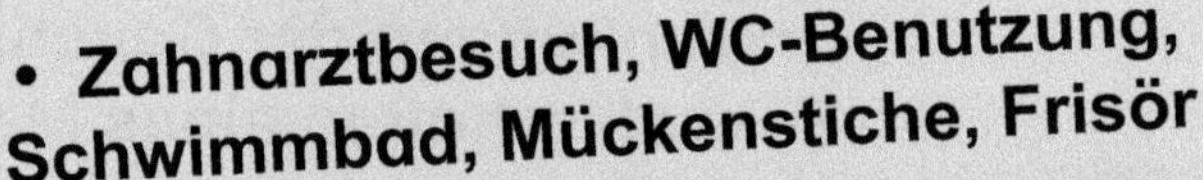

- **Zahnarztbesuch, WC-Benutzung, Schwimmbad, Mückenstiche, Frisör**
- **Sport mit Infizierten (Schwimmbad …)**
- **freundschaftliche körperliche Kontakte (Umarmen, Streicheln, flüchtige Küsse …)**
- **Verwendung von Gegenständen von HIV-positiven Personen (Spielzeug, Kleidung, Geschirr)**
- **Besuch bei HIV-positiven Personen**

Aufgabe: *Ergänze den Lückentext.*

Jahre • Blutbahn • Körperflüssigkeiten •
Viren • Immunsystem • Blutuntersuchung

„Acquired Immune Deficiency Syndrome“ bedeutet
„Erworbene Immunschwäche Krankheit“

Auslöser ist das **H – I – V**irus (Human-Immunodeficiency-Virus).

Die Inkubationszeit kann mehrere ________________ dauern.

Während der Inkubationszeit vermehren sich die ________________ ständig und verändern ständig ihre Oberfläche. Das Immunsystem kann nicht rechtzeitig Antikörper produzieren. Nur durch eine ______________________________ kann die Krankheit diagnostiziert werden. Der Infizierte kann aber bereits andere Menschen anstecken.

Das gesamte ______________________________ wird geschwächt (Müdigkeit, Durchfall, Fieber …).

Im fortgeschrittenen Stadium verlaufen Krankheiten (die normalerweise heilbar wären) sehr schwer und führen schließlich zum Tod.

Zu einer Ansteckung mit HIV kommt es nur:

- wenn Viren in die ______________________ gelangen;
- wenn man Kontakt mit __________________________ von Infizierten (Blut, Samenflüssigkeit, Scheidenflüssigkeit) hat

Genaue Auskünfte erhält man beim Arzt oder anonym bei AIDS-Beratungsstellen.

Immunsystem & Infektionskrankheiten

Aufgabe 1: *Ergänze den Lückentext.*

bewegen • Vermehrung (2x) • Weiße • Antikörper • immun • schnell • Wirtszelle • Stoffwechsel

Krankheitserreger vermehren sich sehr ____________________.

Viren haben keinen ____________________, können sich nicht ____________________ und sind daher auf eine lebende Wirtszelle zu ihrer ____________________ angewiesen.

In einer ____________________ können innerhalb von 1 Stunde bis zu 200 neue Viren entstehen.

Der Körper wird nun in „Alarmbereitschaft" gesetzt.

____________________ Blutkörperchen werden vermehrt erzeugt. Der menschliche Organismus braucht nun viel Energie, oft steigt die Körpertemperatur an.

Die weißen Blutkörperchen bilden gegen die Krankheitserreger ____________________.

Diese bekämpfen die „Eindringlinge", die Krankheit klingt ab.

Die Antikörper bleiben auch später noch erhalten, falls man neuerlich am gleichen Erreger erkrankt. Man ist dann dagegen ____________________.

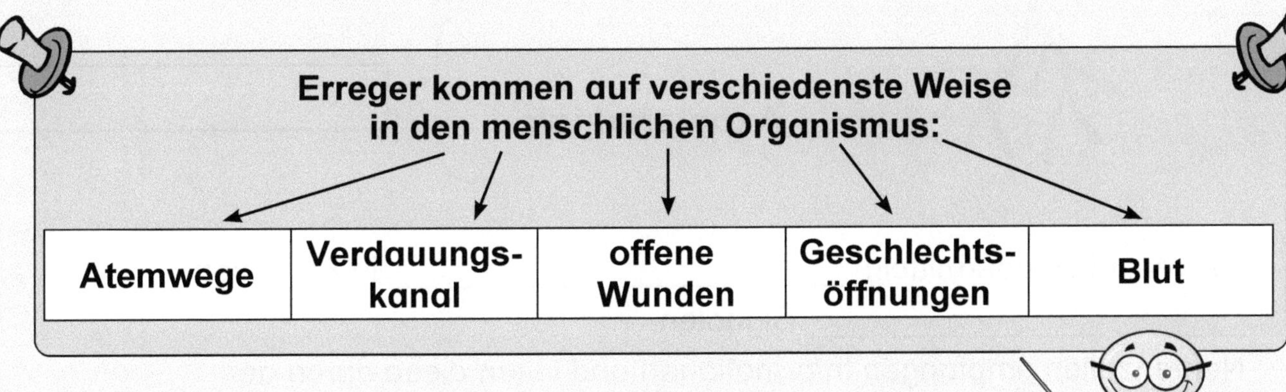

Aufgabe 2: *Gib vier Infektionskrankheiten an:*

I) ____________________ II) ____________________

III) ____________________ IV) ____________________

KOHL VERLAG Lernmodul 1: Der Mensch Arbeitsblätter – Bestell-Nr. 13 121

Bau einer Nervenzelle

Aufgabe: *Ergänze die Abbildung und den Lückentext mit den Begriffen aus dem Kasten.*

Dendriten • Zellkern • Zellkörper • Axon • Synapsen • Informationen • Muskel • Dendriten • ganzen • elektrischen

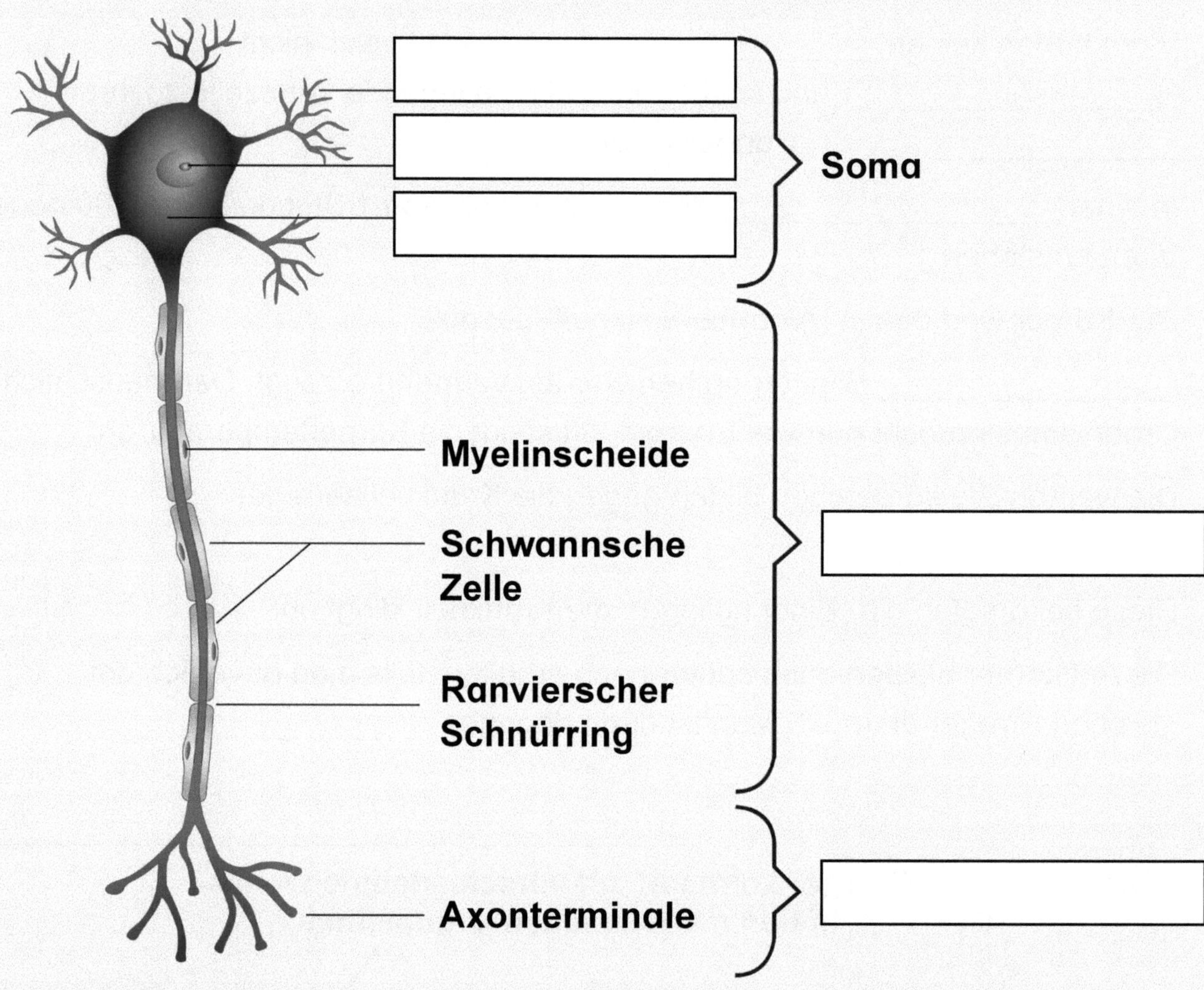

Nervenzellen übermitteln ______________________ in Form von ______________________ Signalen.

Nervenzellen empfangen Informationen und leiten diese durch den ________________ Körper.

Nervenzellen besitzen einen Zellkörper und verästelnde Fortsätze (______________________).

Jede Nervenzelle hat ein langes Axon (= Fortsatz der Nervenzelle); dieses Axon leitet elektrische Impulse vom Zellkörper weg.

An den Synapsen ist die Verbindungsstelle zwischen dem Nerv und dem ________________.

Gehirn

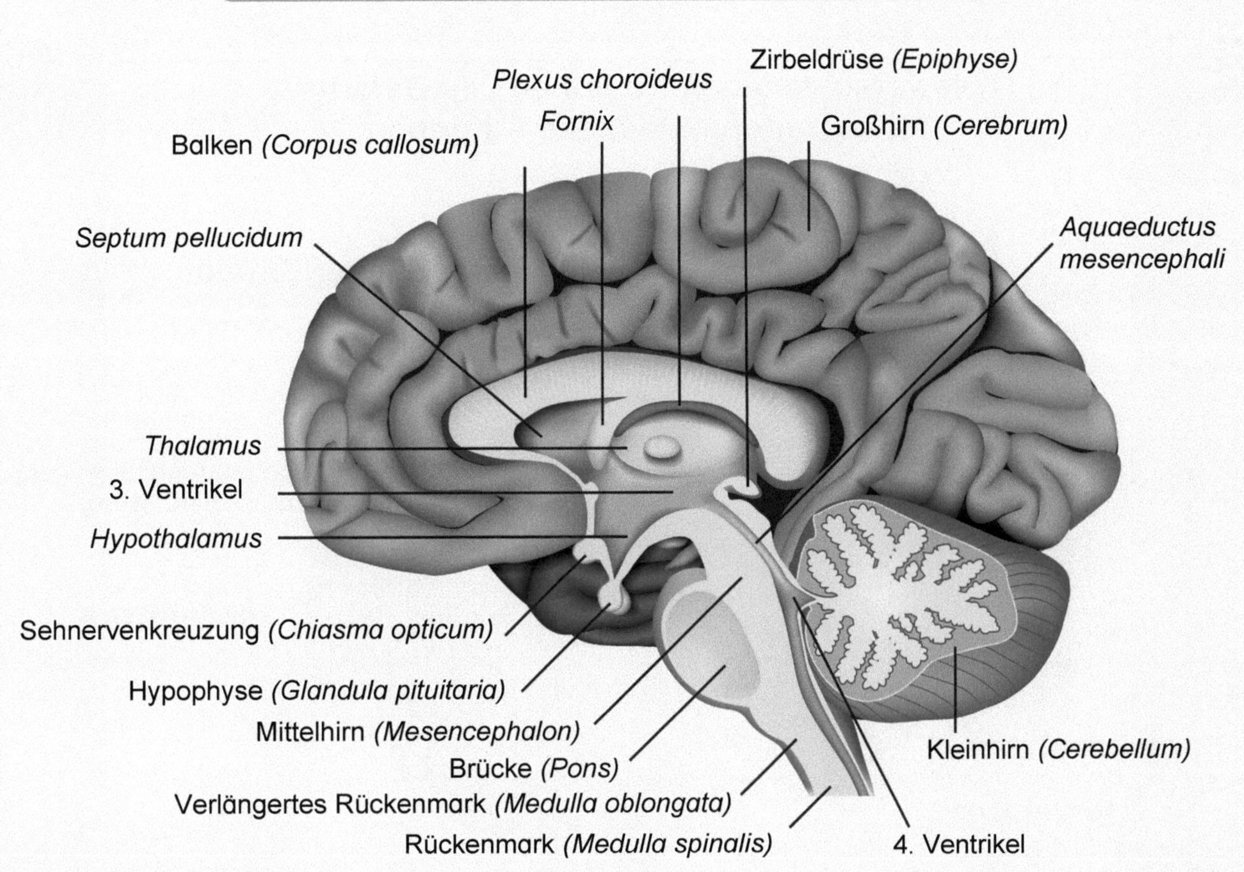

__Aufgabe__: *Ergänze den Lückentext. Aber Achtung: Drei Angaben gehören hier nicht hinein. Welche drei Angaben stimmen?!*

Nervenimpulsen (*oder*) Hormonen • 820 (*oder*) 1500 •
Rückenmark (*oder*) Knochenmark

Das Gehirn wiegt ca. _________ g.

__Das Gehirn besteht aus__:

- dem Großhirn
- dem Kleinhirn
- dem Zwischenhirn (Thalamus und Hypothalamus)
- dem Hirnstamm
- Milliarden von Nervenzellen sind miteinander in Verbindung und wiederum mit dem _______________________ verbunden.
- Nachrichten werden in Form von _______________________ im gesamten Nervensystem übermittelt.

KOHL VERLAG Lernmodul 1: Der Mensch
Arbeitsblätter – Bestell-Nr. 13 121

Zentralnervensystem (ZNS)

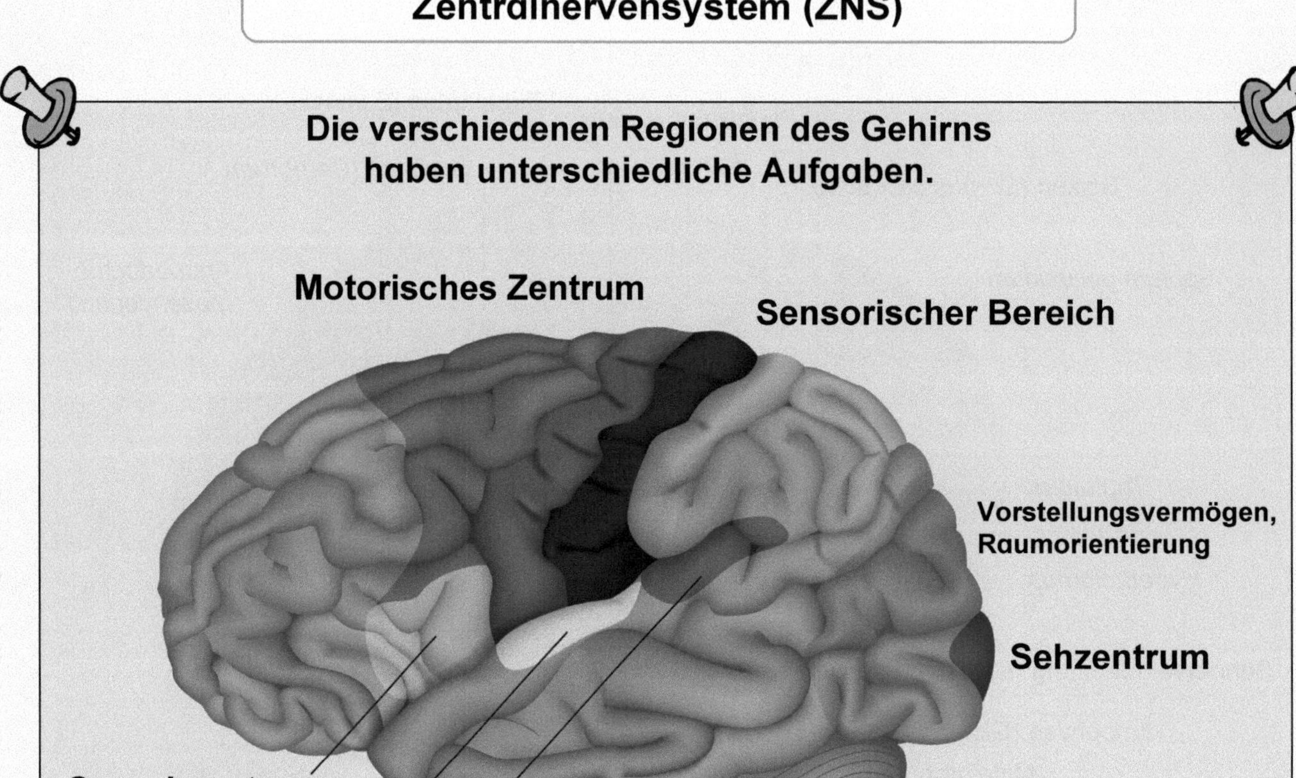

Aufgabe: *Ergänze den Lückentext.*

Reize • Wiedererkennung • Rückenmark • Instinkte • Bewußtseins

- Das ZNS ist gegliedert in Gehirn und ______________________
- Das ZNS ist der Sitz des ______________________
- Alle von außen kommenden ______________________ werden zu Sinneseindrücken verarbeitet.
- Reize werden zur Wiederabrufung und ______________________ gespeichert.
- Der gesamte Organismus wird von hier aus gesteuert.
- Hier ist der Sitz der Gefühle, Empfindungen, Triebe und der

  ______________________.

Peripheres & vegetatives Nervensystem

Aufgabe 1: *Ergänze den Lückentext zum* ***peripheren*** *Nervensystem!*

motorische • 1 • sensorische • Nerven

- Mit den Sinnesorganen kann der Organismus alle Vorgänge in der Umwelt erfassen.
- Die Leitungsbahnen für die Reizleitung sind die ____________________.
- Nerven können die Impulse nur in _______ Richtung weiterleiten.
- Alle Nerven, die Informationen von den Sinnesorganen zum Gehirn leiten, nennt man __________________________ Nerven.
- Will das Gehirn auf Informationen hin mit dem Körper reagieren, so werden die Skelettmuskel aktiviert.
- Dies geschieht durch _________________________ Nerven.
- Das periphere Nervensystem ist verantwortlich für Schmerz-, Berührungs- und Temperaturreize.

Aufgabe 2: *Ergänze den Lückentext zum* ***vegetativen*** *Nervensystem! Die gesuchten Begriffe findest du in der Wörterschlange.*

KFJHDGSAUERSTOFFKEJDHGMAGENWANDOWKEJPERI

STALTIKWMDKFJBLUTDRUCKMENDHFGBERUHIGTASWQOP

- Regelt die Spannung der Gefäßwände und der ____________________________.
- Sorgt für die ____________________________, regelt die Tätigkeit der Drüsen, des Herzens und anderer Organe.
- Der Sympathikus ist der Nervenstrang, der eine schnellere Herztätigkeit, einen höheren ________________________ und die vermehrte Bereitstellung von __________________ und Nährstoffen für eine körperliche Leistung bewirkt.
- Der Parasympathikus ist sein Gegenspieler und ___________________________ den Körper.

Lernmodul 1: Der Mensch
Arbeitsblätter – Bestell-Nr. 13 121
KOHL VERLAG

Nervensystem – Aufbau und Schädigungen

<u>Aufgabe</u>: *Ergänze den Lückentext zum **<u>Aufbau</u>** des Nervensystem!*

Sekunde • Nerv • Impulsen • Neurit • Dendriten

Das **<u>Nervensystem</u>** ist aus einzelnen Zellen aufgebaut.

Diese NERVENZELLEN bestehen aus:

- vielen kurzen, bäumchenartig verzweigten Fortsätzen (________________),
- einem Zellkörper und einem langen Fortsatz (________________).

Viele Neuriten bilden zusammen einen ________________.

In den Nerven werden Erregungen (Informationen) zwischen Gehirn, Rückenmark und den übrigen Organen hin- und hergeleitet.

Dies geschieht in Form von elektrischen ____________________.

Die Leitungsgeschwindigkeit kann dabei über 100 Meter pro ________________ betragen.

<u>Bewahre dein Nervensystem vor Schäden</u>!

- **Nervenzellen werden nur einmal angelegt und bis ans Lebensende nicht mehr erneuert.**
- **Wenn eine Nervenzelle abstirbt, dann ist sie unwiederbringlich verloren.**
- **Zur Pflege des Nervensystems gehören:**
  - ⇨ **bewusste Fernhaltung von zu vielen Sinnesreize**
  - ⇨ **ausreichender Schlaf**
- **Besonders Menschen, die einer ständigen Reizüberflutung ausgesetzt sind, werden nervös und unkonzentriert.**

Sympatisches und parasympatisches Nervensystem im Vergleich

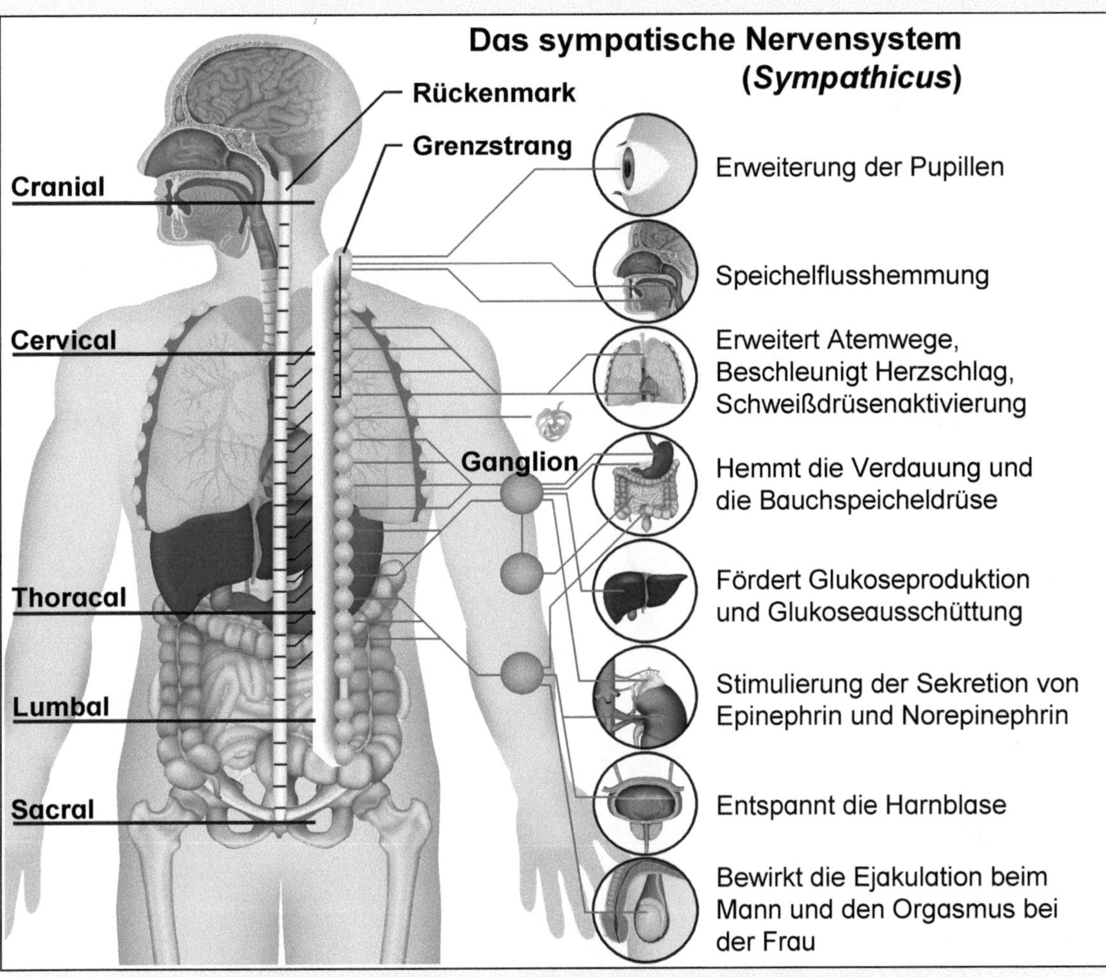

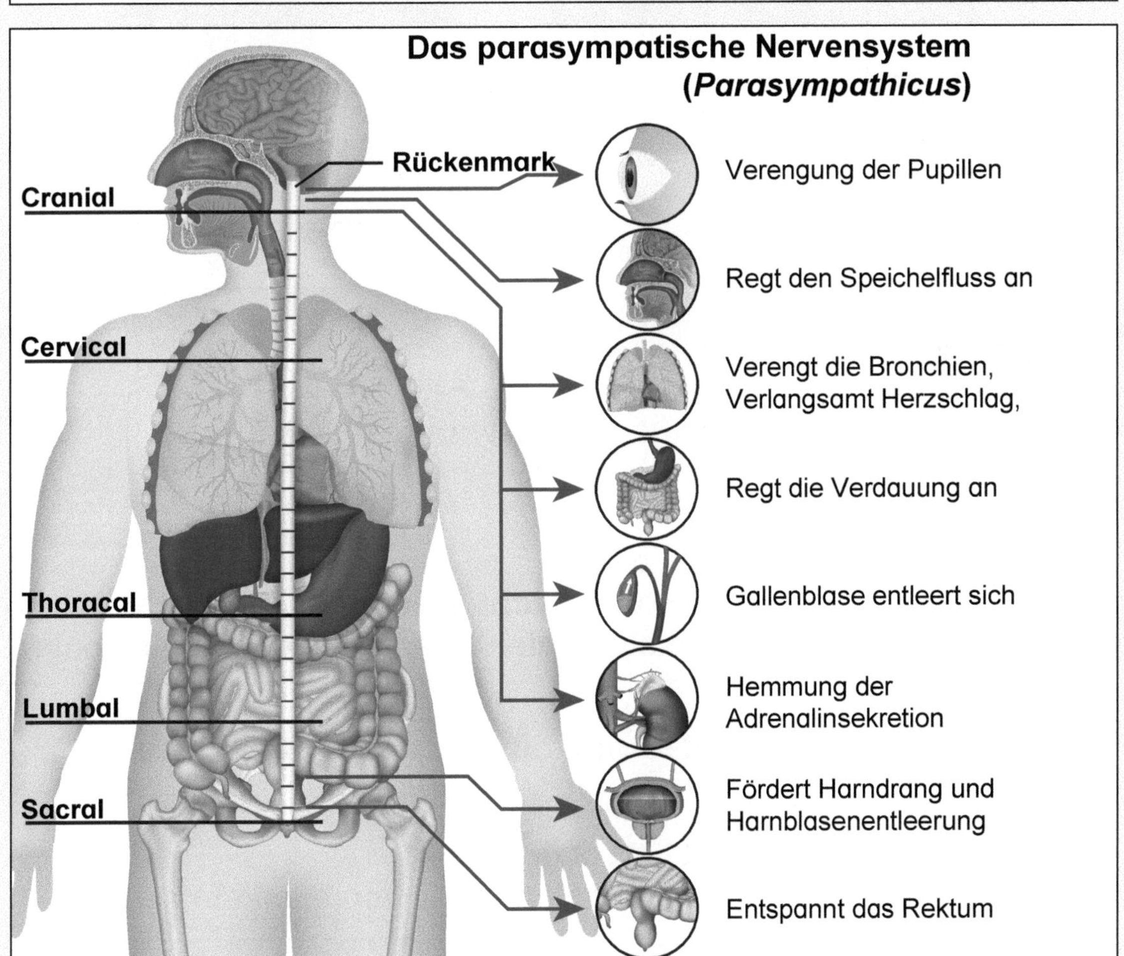

Die Haut und ihr Aufbau

Aufgabe 1: *Ergänze die Abbildung zum Schichtaufbau der Haut! Die gesuchten Begriffe findest du in der Wörterschlange. (Ü=UE, ß=SS, Ä=AE)*

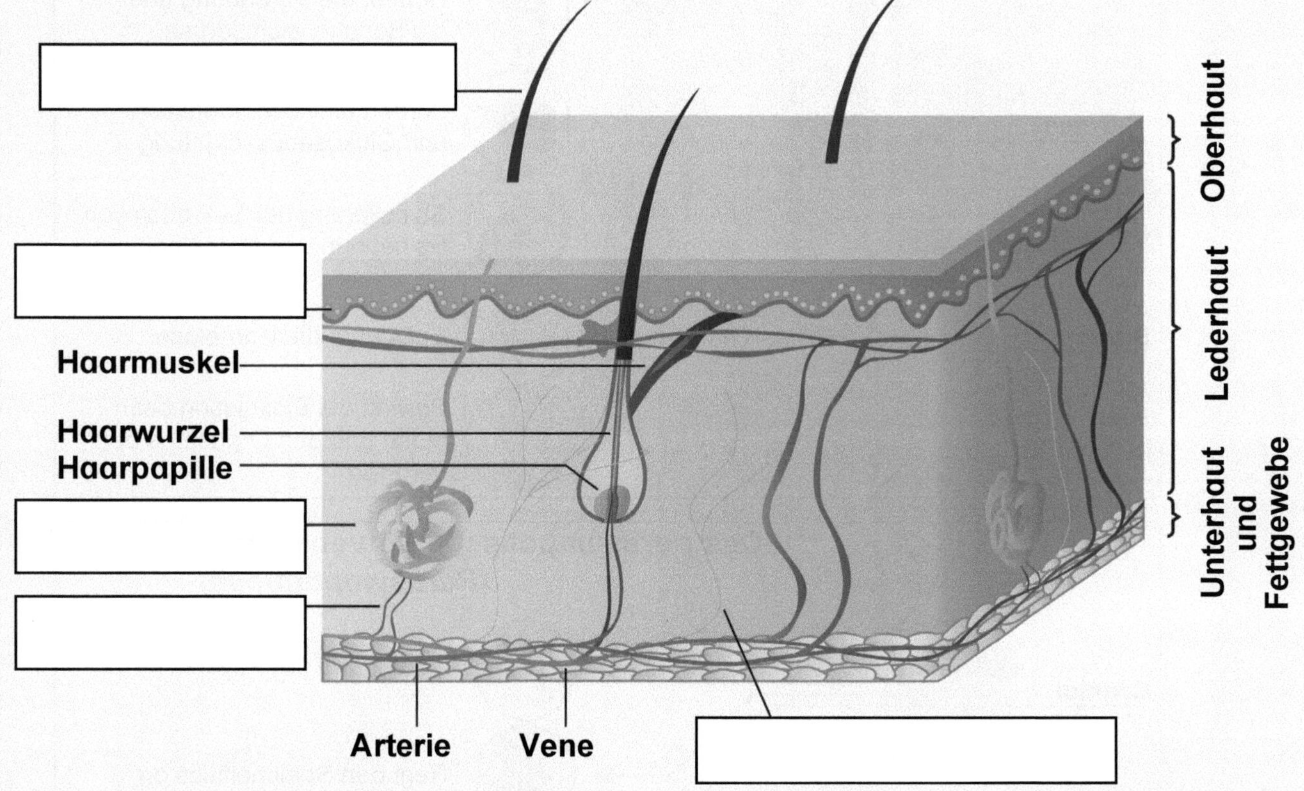

Aufgabe 2: *Ergänze die Tabelle!*

Lederhaut • Unterhaut • Oberhaut

	besteht aus: - der **Hornschicht** (verhornte Zellen sterben ab) - der **Keimschicht** (hat eingelagerte Pigmente)
	ist mit **Blutgefäßen** und **Nerven** durchsetzt
	ist mit **Fett** angereichert stellt die Verbindung zu den **Muskeln** her

Die Haut in Zahlen & Entstehung von Akne

1 cm² Haut hat:

1 cm²

12 Kältepunkte

25 Druckpunkte

200 Schmerzpunkte

5 m Blutgefäße

2 Wärmepunkte

500 Sinneskörperchen

5 Haare

5 m Nervenfasern

15 Talgdrüsen

100 Schweißdrüsen

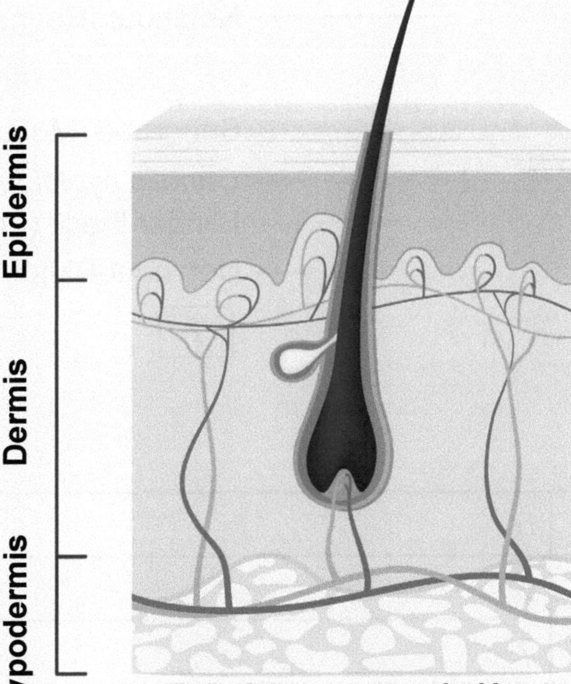

Talgdrüse, normale Haut

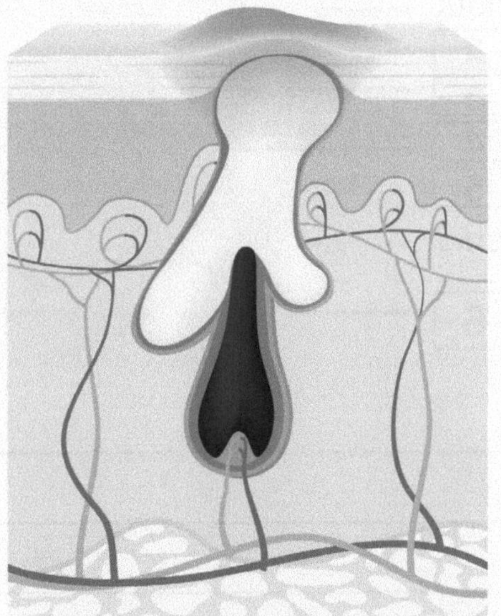

Pickel, entzündetes Gewebe

Hautpflege und Ernährung können die Entstehung und Behandlung von Akne beeinflussen!

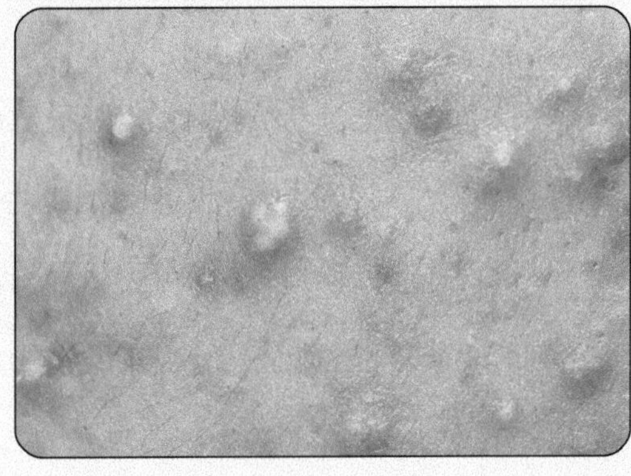

Lernmodul 1: Der Mensch
Arbeitsblätter – Bestell-Nr. 13 121
KOHL VERLAG

Der Bau des Auges

Aufgabe: *Ergänze die Abbildung und den Lückentext mit den Begriffen und Zahlen aus dem Kasten.*

für die Graphik bzw. Tabelle:

Linse • Wimpern • Oberlid • Glaskörper • Iris • Pupille • Sehnerv

für den Lückentext:

132.000.000 • 22-23 • 7,5 • 1 • 8000-20.000 • 1.000.000

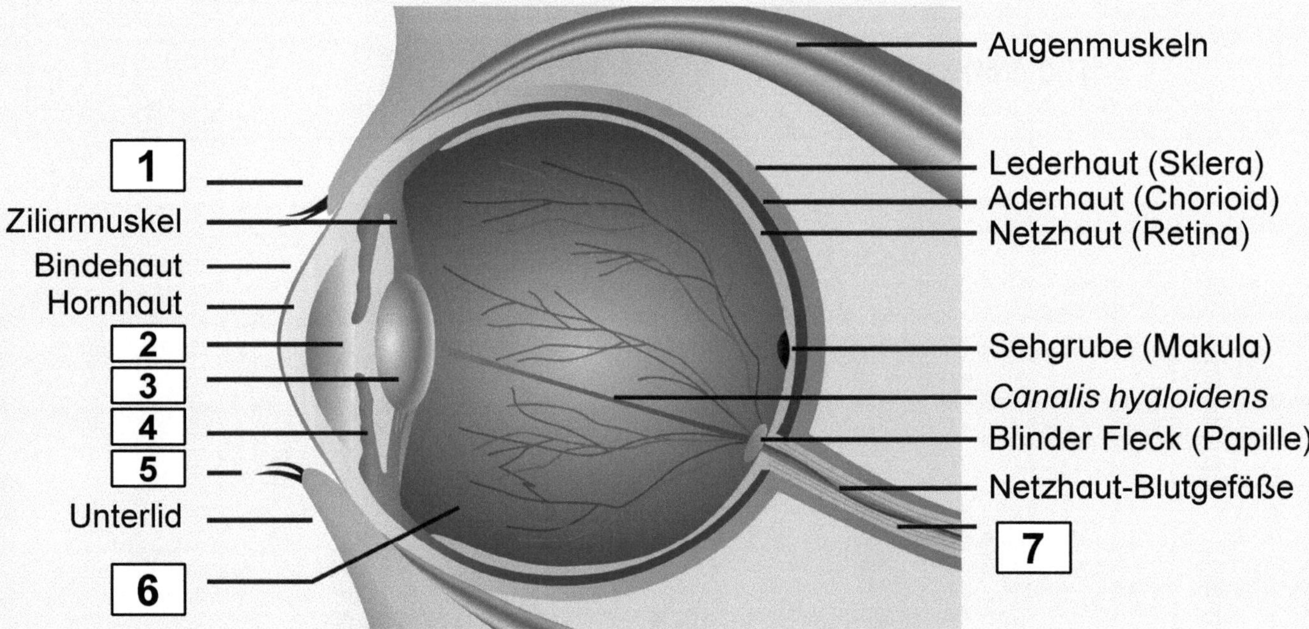

1	5
2	6
3	7
4	

a) ______ mm Durchmesser des Augapfels b) _____ g Gewicht des Auges

c) __________________ Lidschläge pro Tag d) _______________ Rezeptoren

e) _________________ Nervenfasern im Sehnerv

f) ____ g täglich produzierte Tränenmenge (Stäbchen, Zapfen) in der Netzhaut

Kurzsichtigkeit – Weitsichtigkeit

Gesundes Auge

Kurzsichtigkeit

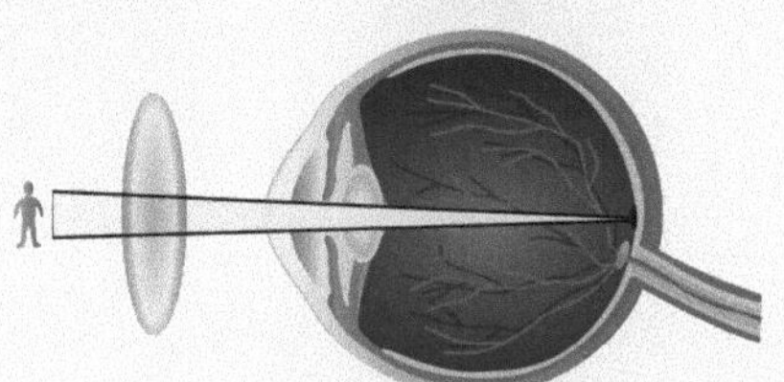

Brennpunkt <u>vor</u> der Netzhaut

Korrektur durch *<u>Sammellinse</u>*

Weitsichtigkeit

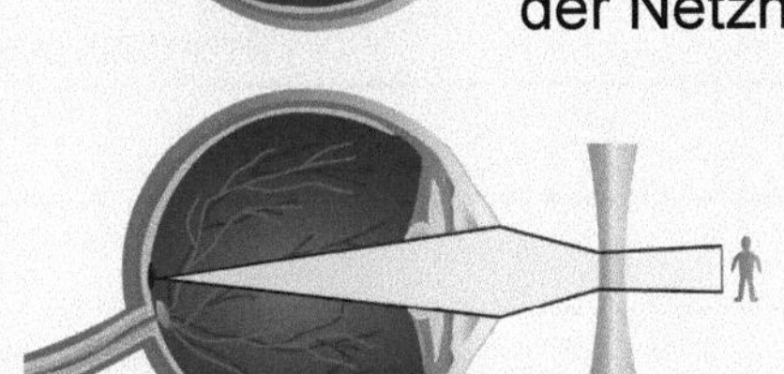

Brennpunkt <u>hinter</u> der Netzhaut

Korrektur durch *<u>Zerstreuungslinse</u>*

<u>Aufgabe</u>: *Ergänze mit den Lösungswörtern.*

konkave • nahe • weiter • konvexe

Kurzsichtigkeit

- ____________ entfernte Gegenstände werden undeutlich und verschwommen wahrgenommen
- Korrektur durch ____________ Linse
- negative Dioptrien

Weitsichtigkeit

- ____________ Objekte werden unscharf wahrgenommen
- Korrektur durch eine ____________ Linse nach außen gebogen
- positive Dioptrien

Optische Täuschung?
Was kannst du erkennen?

KOHL VERLAG Lernmodul 1: Der Mensch
Arbeitsblätter – Bestell-Nr. 13 121

Die Nase

Aufgabe: *Ergänze die Abbildung und den Lückentext mit den Begriffen und Zahlen aus dem Kasten.*

für die Graphik:

Riechkolben • Nasenvorhof • Siebbein • Nasengänge

für den Lückentext:

Geschmacksinn • Reiz • Duftstoffe • Schleimdrüsen • Gehirn • Schleimhaut

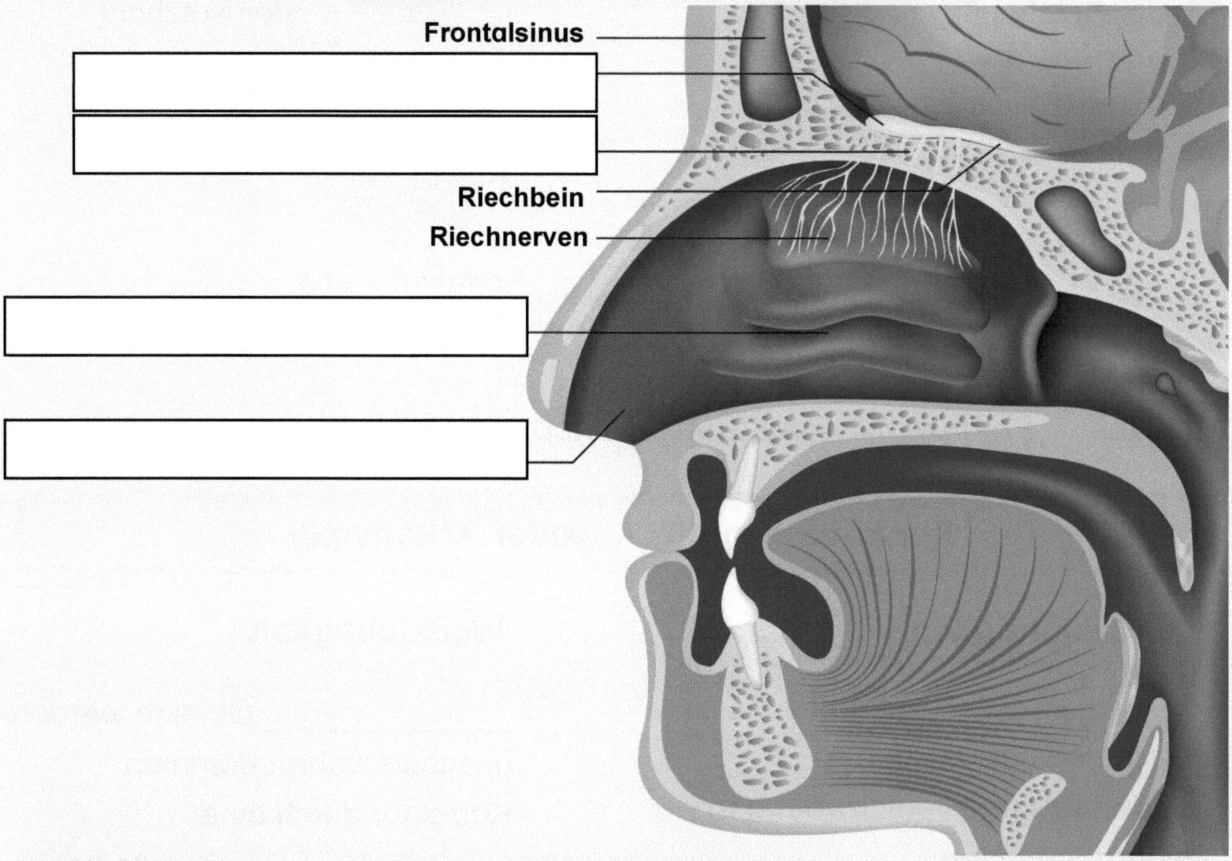

Frontalsinus

Riechbein

Riechnerven

In der Nasenhöhle befinden sich Sinneszellen, deren feine Fortsätze in eine dünne ____________________ eingebettet sind.

Der Schleim wird von ____________________ gebildet.

Im Schleim lösen sich die ____________________.

Nur in dieser gelösten Form erzeugen sie bei den Sinneszellen einen ____________________.

Im ____________________ werden daraus Geruchswahrnehmungen.

Der Geruchsinn unterstützt den ______________________________.

Die Kombination von Geruch- und Geschmacksinn wird vom Gehirn als Ganzes wahrgenommen.

Die Zunge

Aufgabe 1: *Ordne folgende Begriffe richtig zu:*

sauer • süß • salzig • umami • bitter

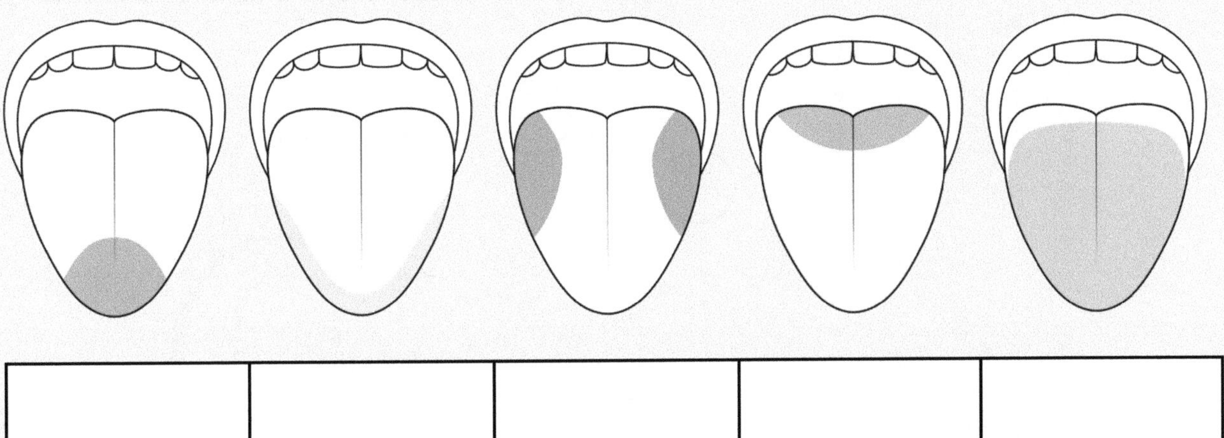

Aufgabe 2: *Ergänze den Lückentext. Achtung: Eine Angabe ist falsch!*

Lautformung • 50 • Geschmackspapillen • 20

Die Zunge trägt ______________________________.

Wir unterscheiden süß, salzig, sauer, bitter und umami.

Die Zunge besteht aus Muskeln, die von einer Schleimhaut überzogen ist.

Sie ist ca. ____ cm² groß.

Man braucht die Zunge zum Kauen.

Die Zunge ist sehr wichtig für die ________________________ und das Sprechen.

Fünf faszinierende Fakten

1. **Die Farbe der Zunge sagt viel über die Gesundheit aus.**
2. **Sie ist der einzige Muskel im Körper, der nicht vom Skelett gestützt wird.**
3. **Frauen haben kürzere Zungen als Männer.**
4. **Jede Geschmacksknospe auf unserer Zunge besteht aus bis zu 100 Sinneszellen.**
5. **Nach dem Essen hat die Zunge eine natürliche Reinigungsfunktion für die Zähne.**

KOHL VERLAG
Lernmodul 1: Der Mensch
Arbeitsblätter – Bestell-Nr. 13 121

Das Ohr

Aufgabe 1: *Notiere die Ziffern an die richtige Stelle im Schaubild.*

❶ **Hammer**	❷ **Amboß**	❸ **Steigbügel**
❹ **Trommelfell**	❺ **Schnecke**	❻ **Schallwellen**

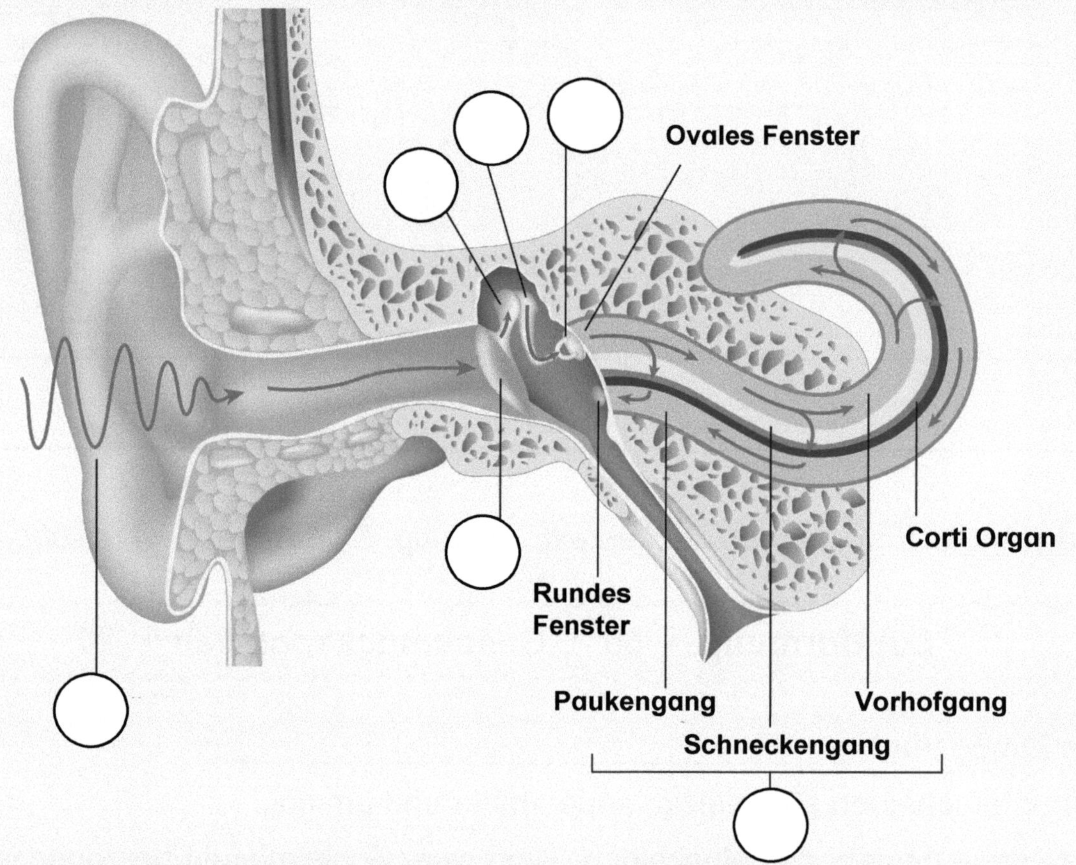

Aufgabe 2: *Ergänze die fehlenden Begriffe im Lückentext.*

Schallreize • Gehirn • Schwingungen • Gleichgewichtsorgans • Schallwellen

Äußeres Ohr und Mittelohr übertragen die ______________________ auf die Flüssigkeit im **Innenohr**.

Der **Schneckengang** wird in ______________________ versetzt.

Durch die Schwingungen werden die **Hörsinneszellen** gereizt.

Die Hörsinneszellen wandeln die ____________________ in Erregungen um.

Diese werden über den **Hörnerv** zum ____________________ geleitet und dort ausgewertet.

Die Information über die Lage und die Bewegung im Raum erhält man mithilfe des ____________________. Das Gleichgewichtsorgan liegt im **Innenohr**.

Der Tastsinn

BRAILLE ALPHABET

A B C D E F G H I

J K L M N O P Q R

S T U V W X Y Z 0

1 2 3 4 5 6 7 8 9

Aufgabe: *Ergänze den Lückentext.*

1825 • Gehirn • Fingerspitzen •
Sinneszellen • 0,006 • Oberhaut • 1809-1852

Die Rezeptoren für die Wahrnehmung von Hitze, Kälte, Oberflächenstruktur … befinden sich in der ________________ und in der Lederhaut.

Unsere Fingerkuppen können Erhebungen von ________ mm wahrnehmen.

Louis Braille (________________) entwickelte im Jahr ________ die Blindenschrift, die dann auch nach ihm benannt wurde.

Ein Punkt der Blindenschrift ist 1 mm hoch.

Informationen, die wir über die ________________ aufnehmen, werden über ________________ in elektrische Signale umgewandelt und dann über das Rückenmark in das ______________ weitergeleitet.

Louis Braille war ein französischer Blindenlehrer, ein Pionier der Blindenbetreuung und Erfinder des nach ihm benannten Punktschriftsystems für Blinde, der Brailleschrift oder kurz Braille. Im Alter von 5 Jahren verlor Braille sein Augenlicht aufgrund einer Augenverletzung.

Alkohol und seine Folgen

Auswirkungen auf den Körper

Erhöhtes Krebsrisiko in Mundhöhle, Kehlkopf und Rachen

Gedächtnisverlust, Depression, Phobien, Konzentrationsschwäche

Fettleber, Leberzirrhose, Schrumpfleber, Leberkrebs

Bluthochdruck, Herzinsuffizienz, Herzrhythmusstörungen, Herzmuskelerkrankungen

Übergewicht, Bierbauch, Gastritis, Pankreatitis, Speiseröhrenkrebs, Magenkrebs, Darmkrebs

Errektionsprobleme, Impotenz

Aufgedunsene Haut, Muskelschädigungen, Gynäkomastie

Taubheitsgefühl, Nervenentzündungen Schädigungen der Nervenbahnen

Aufgabe: *Ergänze den Lückentext.*

beeinträchtigt • betäubend • Rauschzustand • Gehirnzellen

Alkohol gelangt über das Blut in das Gehirn.
Anfangs wirkt Alkohol ________________________.
Bei starkem Alkoholgenuss tritt ein ____________________ ein.
Manche Fähigkeiten (sprechen, gehen, wahrnehmen …) werden
____________________. Viele ____________________ sterben ab.

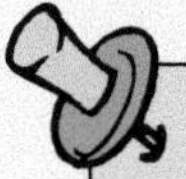

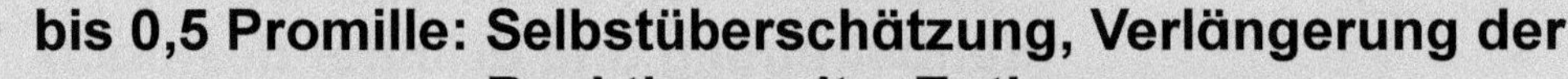

Symptome:

- **bis 0,5 Promille: Selbstüberschätzung, Verlängerung der Reaktionszeit, Enthemmung**
- **bis 1,6 Promille: Doppelbilder, Übelkeit, Schwindelgefühl**
- **bis 2,4 Promille: Versagen des Gleichgewichtsgefühls, Bewusstseinsstörungen**
- **über 2,4 Promille: Alkoholvergiftung, Lebensgefahr**

Diabetes – eine Stoffwechselerkrankung

Aufgabe: *Ergänze den Lückentext.*

Glykogen • Blutzucker • Energie • Blut • Insulin

Alle Organe brauchen ________________ um gut arbeiten zu können.

Diese Energie kommt aus dem ______________________.

Ist der Blutzuckerspiegel zu hoch, so gibt die Bauchspeicheldrüse das Hormon ________________ an das Blut ab. Die Leber wandelt den Zuckeranteil im ______________ in _________________ um.

Kann die Bauchspeicheldrüse nicht genügend Insulin erzeugen, dann steigt der Blutzuckerspiegel an ➲ *Diabetes mellitus*

Folgen von einem zu hohen Zuckergehalt im Blut:

- **Schäden an den Blutgefäßen und an den Nieren**
- **hohes Risiko für Erblindung und Herzinfarkt**
- **Bei leichten Formen von Diabetes kann man mit einer kohlenhydrat- und fettarmen Diät den Krankheitsverlauf positiv beeinflussen.**
- **Bei schwerem Krankheitsverlauf muss Insulin injiziert werden.**

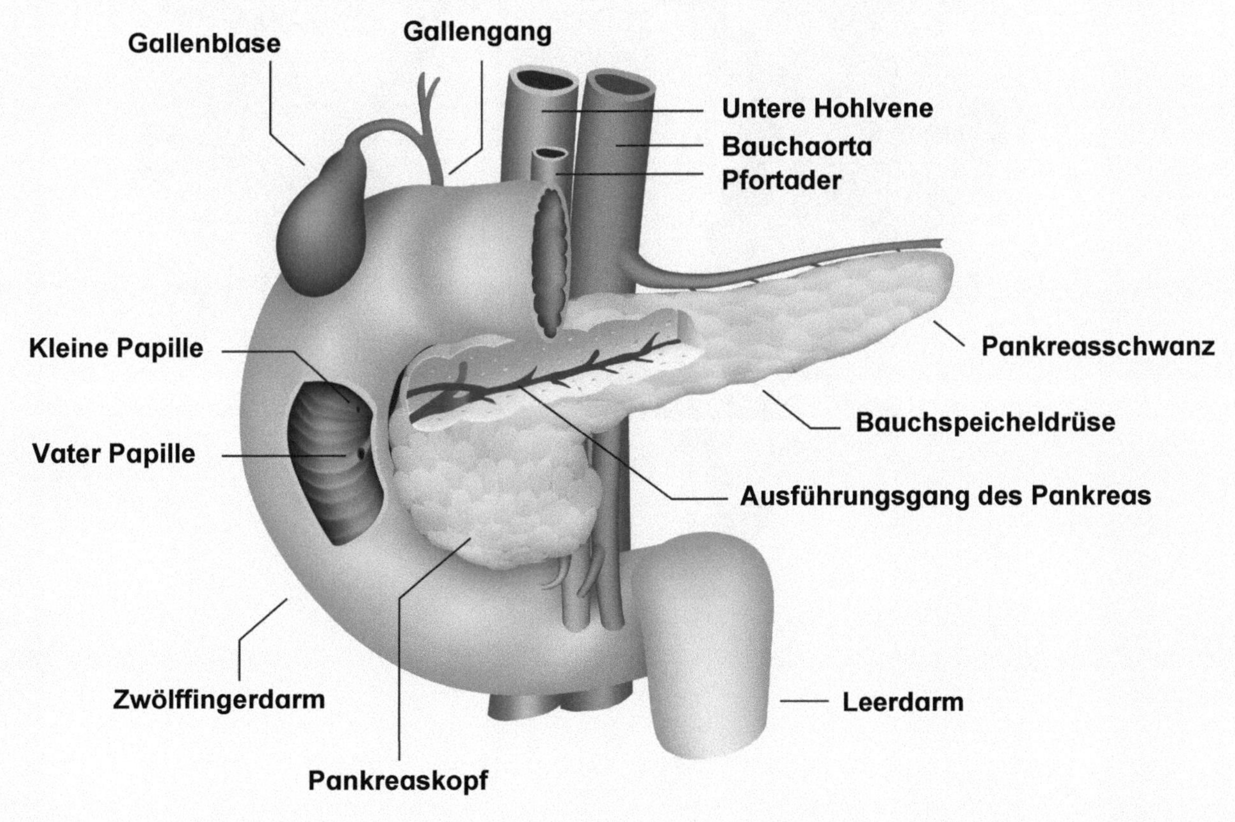

KOHL VERLAG Lernmodul 1: Der Mensch
Arbeitsblätter – Bestell-Nr. 13 121

Hepatitis B

Aufgabe: *Ergänze den Lückentext.*

Übertragung • Leber • ungeschützten • Impfung

⇨ ist eine Viruserkrankung

⇨ ________________________ durch ____________________ Geschlechtsverkehr und Blut

⇨ die Folge einer Infektion ist eine _________________entzündung

⇨ laut WHO die vierthäufigste infektionsbedingte Todesursache

⇨ langfristiges Ziel der WHO: ___________________!!!

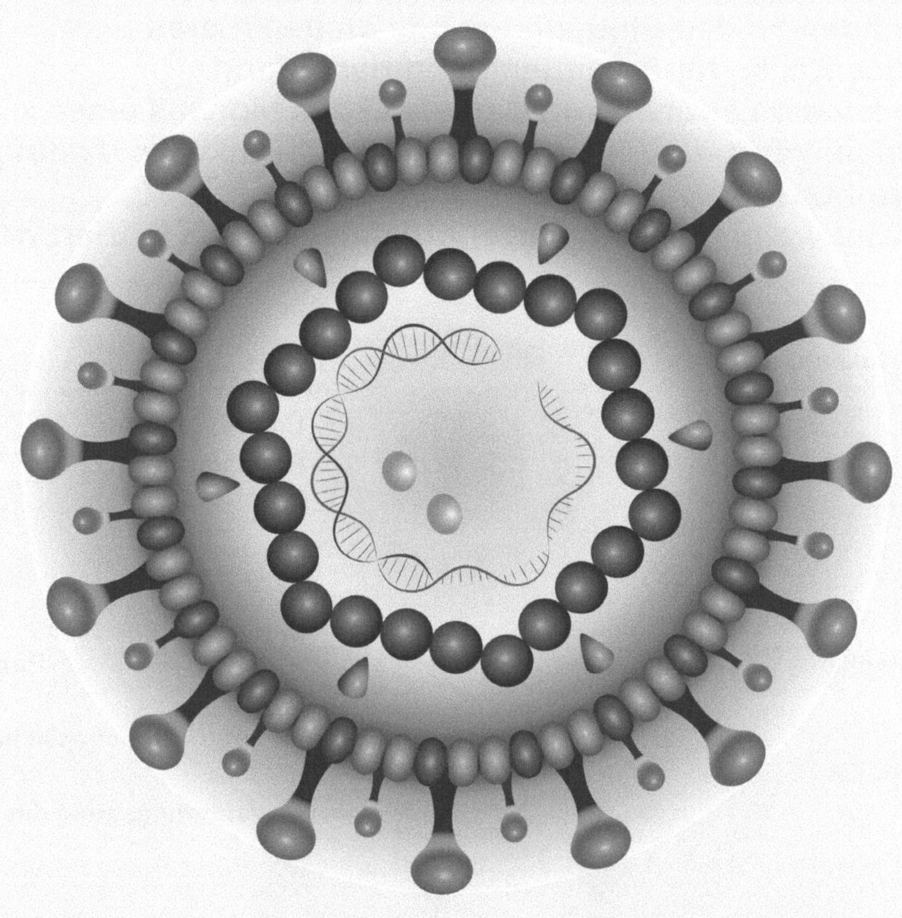

Legale & illegale Drogen

Aufgabe: *Ordne folgende Begriffe richtig zu:*

Kokain • LSD • Ecstasy • Koffein • Heroin • Cannabis • Alkohol • Nikotin

Drogen	
erlaubte Drogen (legal)	**unerlaubte Drogen (illegal)**

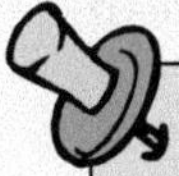

Drogenkonsum in der EU

Reihenfolge nach der Häufigkeit des Konsums:

1. **Cannabis**
2. **Kokain**
3. **MDMA**
4. **Amphetamine**
5. **Heroin und andere Opioide**

Im Jahr 2022 gab es in Österreich 248 drogenbezogene Todesfälle (ca. 80 % waren Männer)

2023 registrierte das Bundekriminalamt 2227 drogenbedingte Todesfälle in Deutschland. Das sind etwa doppelt so viele wie 2013. Tendenz weiter steigend.

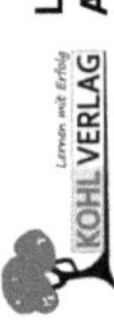

Lernmodul 1: Der Mensch
Arbeitsblätter – Bestell-Nr. 13 121

Lösungen

S. 6: Biologie – eine Einführung

600 v. Chr., Mikroskops, Hooke, Leeuwenhoek, Carl von Linne, Genetik

S. 7: Kennzeichen des Lebens

Beweglichkeit, Fortpflanzung/Vermehrung, Stoffwechsel, Wachstum/Entwicklung, Reizbarkeit

Reizbarkeit	Stoffwechsel	Fortpflanzung Vermehrung	Wachstum, Entwicklung	Beweglichkeit

S. 8: Evolution – was versteht man darunter?

entwickeln, Ursuppe, Aminosäuren, Erbsubstanz, Millionen

S. 9: Entwicklung des Menschen

oben: Ostafrika, Schlauheit, 5-2 Mio., 500, Jäger, primitive

unten: 1300 / 1,6 / Jäger / Feuer / 150.000 / 1600 / Gottheit / Zeichnungen

S. 10: Zelle – Gewebe – Organe – Organismus

Aufgabe 1: 100, Zellen, Bausteine, Gewebe, Gewebearten, Organsystem

Aufgabe 2: 100, 84, 200, 1650, 10.000, 1500, 130, 2

S. 11: Zellen im menschlichen Körper

1. Knochenzelle, 2. Knorpelzelle, 3. Muskelzelle, 4. Nervenzelle, 5. Eizelle, 6. Samenzelle, 7. rote Blutkörperchen, 8. weiße Blutkörperchen, 9. Blutplättchen

S. 12: Gliederung des Skeletts

a) Das Skelett wird gegliedert in: Schädel, Rumpfskelett, Gliedmaßenskelett

b)

Plattenknochen	Röhrenknochen	kurze Knochen
Knochen der Schädeldecke Darmbein	Oberarmknochen, Oberschenkelknochen	Wirbel, Hand- und Fußwurzelknochen

c)

Lösungen

S. 13: Schädel

Aufgabe 1:

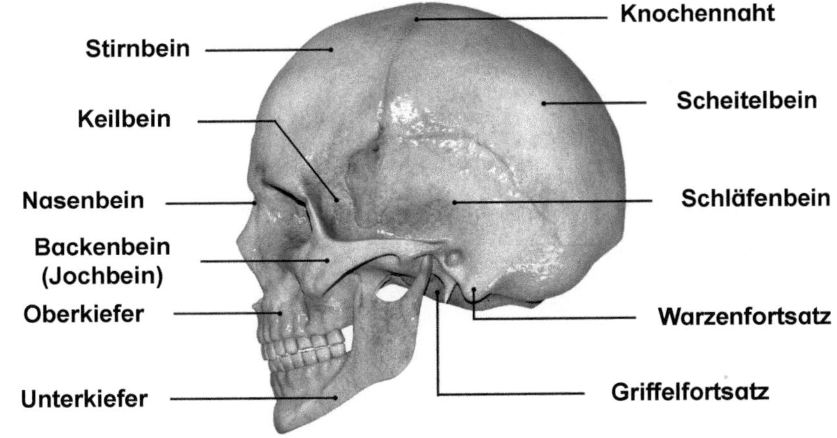

Aufgabe 2: Gehirn, Gesicht, Zähne, Sinnesorgane, Hinterhauptsloch, bewegliche, 30

S. 14: Schädelnähte (Baby und Erwachsener)

Aufgabe 1: Nähte, fest, offen

Aufgabe 2:

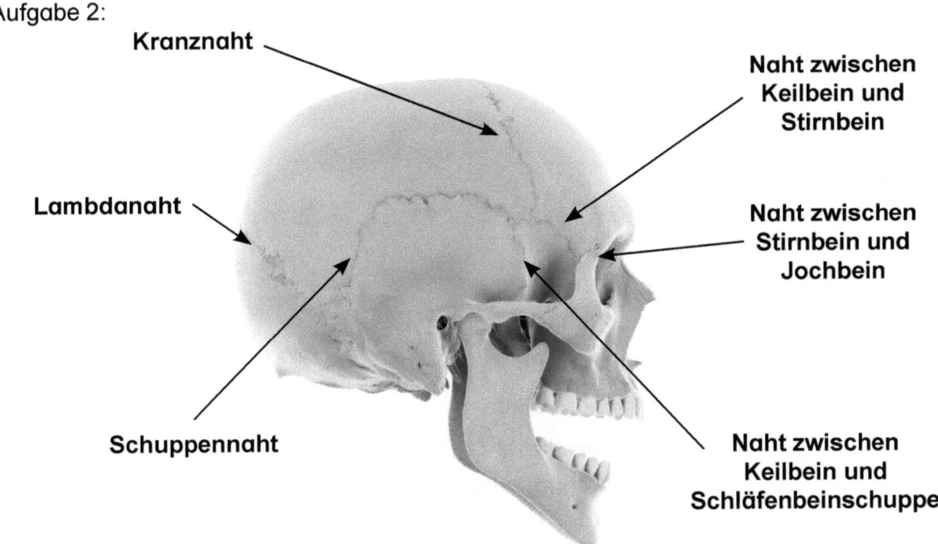

S. 16: Wirbelsäule (Gliederung & Beweglichkeit)

Aufgabe 1: 7, 12, 5, 5, 3-5, zentrale, doppelt, Bandscheiben, Rückenmark, Hauptnervenstrang

Aufgabe 2: Halswirbelsäule, Herz, Drehbewegung, Festigkeit

S. 17: Bau eines Wirbels

Aufgabe 1:

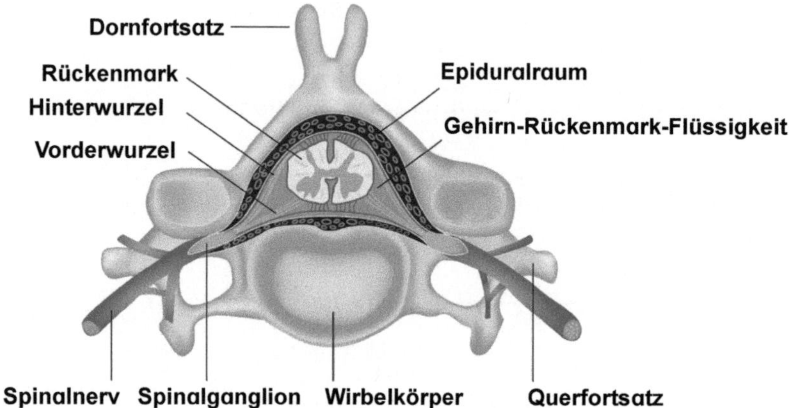

Aufgabe 2: Wirbelkanal, Querfortsätze, Dornfortsatz, beweglich, elastisch (übrig bleibt: starr)

S. 18: Das Skelett besteht aus verschiedenen Knochenarten

Markhöhle, unregelmäßige, flache, ohne, Sehnen

S. 19: Bau eines Röhrenknochens

Aufgabe 1:

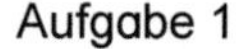

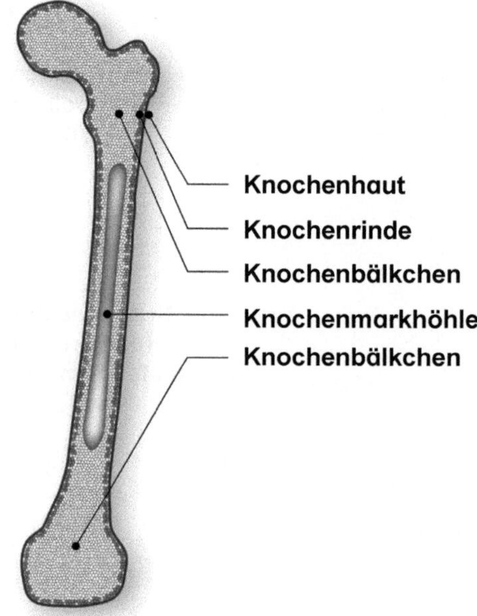

Aufgabe 2: Stützknochen, organischen, 20, poröser, Kalzium

S. 20: Gelenke • Bänder • Sehnen

Aufgabe 1: Kugelgelenk, Scharniergelenk, Drehgelenk, Sattelgelenk, Eigelenk

Aufgabe 2: Wir unterscheiden: echte Gelenke, straffe Gelenke, nicht bewegliche Gelenke

S. 21: Osteoporose – 4 Stadien

Skeletts, vermindert, Knochenbruches, Kalzium, eingelagert, Stabilität, Ernährung, Milch

Lösungen

S. 22: Muskulatur ***(Unterscheidung nach dem Aussehen)***
nicht, starke, schnell, Faserbündeln, Nerven, langsam, ermüden, inneren

S. 23: Muskulatur ***(Reizweiterleitung von der Nervenzelle zur Muskulatur)***
elektrische, Nervenfaser, Muskelfaser, Kontraktion

S. 24: Muskulatur ***(Bau einer Muskelfaser)***
Muskelfasern, Zellkernen, 15, 0,1, Muskelfaserbündeln, Bindegewebe

S. 25: Anatomie des Herzens

Aufgabe 1:

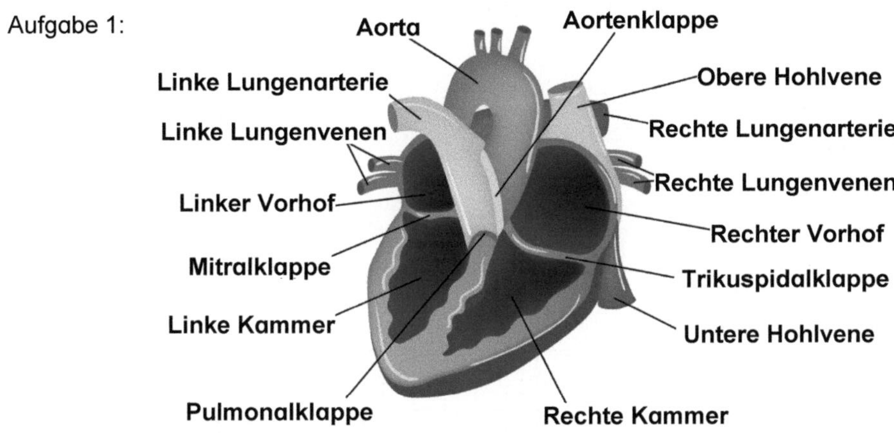

Aufgabe 2: Herzklappen, Segelklappe, Taschenklappe, zum, weg

S. 26: Der Blutkreislauf – Arterien, Venen, Kapillaren
sauerstoffreichem, Lunge, rechte, sauerstoffarmem, Arterien, Venen, Kapillaren

S. 27: Strömungsrichtung des Blutes

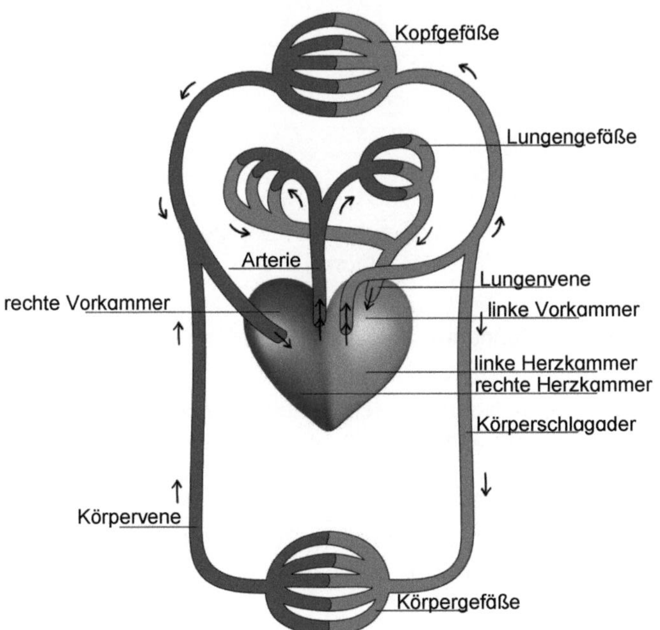

KOHL VERLAG Lernen mit Erfolg
Lernmodul 1: Der Mensch
Arbeitsblätter – Bestell-Nr. 13 121

Lösungen

S. 28: Körperkreislauf vs. Lungenkreislach – Vergleich

Körperkreislauf: Arterien, Organe, Sauerstoff, Kohlendioxid, Venen, Herz

Lungenkreislauf: Lungenarterie, Blut, Lungenvene,

				L	U	N	G	E	N	A	R	T	E	R	I	E			
		O																	
		R															A		
		G			L	U	N	G	E	N	V	E	N	E			R		
		A															T		
		N												V	E	N	E	N	
	H	E	R	Z													R		
																	I		
				S	A	U	E	R	S	T	O	F	F				E		
																	N		
		K	O	H	L	E	N	D	I	O	X	I	D						
															B	L	U	T	

S. 29: Feste und flüssige Bestandteile im Blut

55, 45, 5 Milliarden, 7 Millionen, 250 Millionen

S. 30: Feste Bestandteile im Blut im Detail

Erythrozyten – Hämoglobin – Sauerstoff

Leukozyten – Fresszellen, Gefäßwände

Thrombozyten – kernlose, Thrombus

S. 31: Lymphatische Organe

Lymphbahnen, Lymphkapillaren, Gewebe, Reifung, Krankheitserreger, filtern, verdaut, Abwehr, Lymphe

	L	Y	M	P	H	K	A	P	I	L	L	A	R	E	N				
	Y																		
	M					G	E	W	E	B	E							A	
	P																	B	
	H			F														W	
	B			I				L	Y	M	P	H	E					E	
	A			L														H	
	H			T						R	E	I	F	U	N	G		R	
	N			E															
	E			R															
	N			N			V	E	R	D	A	U	T						
K	R	A	N	K	H	E	I	T	S	E	R	R	E	G	E	R			

S. 32: Die Milz

Aufgabe 1: lymphatische, Bakterien, Blut, Infektionsabwehr, kein

Aufgabe 2: 280, 180

S. 33: Atmung

Aufgabe 1:

1. Nase/Mund
2. Kehldeckel
3. Luftröhre
4. Bronchien
5. rechter/linker Lungenflügel
6. Zwerchfell

Aufgabe 2: aktiver, dehnt, passiver, verkleinert

S. 34: Weg der Nahrung (1+2)

Aufgabe 1: 1. Mund 2. Speiseröhre 3. Magen 4. Zwölffingerdarm 5. Dünndarm 6. Dickdarm 7. Mastdarm

S. 35: Aufgabe 2a: Mund, Speiseröhre, Magen, Zwölffingerdarm, Dünndarm, Dickdarm, Mastdarm

Aufgabe 2b: von oben nach unten: Zähnen, Speichel, Magen, Nahrungsbrei, Bakterien, Leber, Aufnahme, Blut, Darmzotten, Wasser, eingedickte, After

S. 36: Bau eines Zahnes

Graphik: Zahnkrone, Zahnhals, Zahnwurzel;

Lückentext: sichtbare, härteste, Zahnfleisch, Zahnzement, Nerven

S. 37:

Ernährungspyramide

Eiweiße (Proteine): Muskulatur, Sauerstoff

Kohlenhydrate: Knochen, Knorpel

Fette: pflanzliche, tierische

Weitere Nahrungsinhaltsstoffe: Vitamine, Mineralstoffe, lebensnotwendig

Lösungen

S. 38: Die Niere – eine Filteranlage

Aufgabe 1:

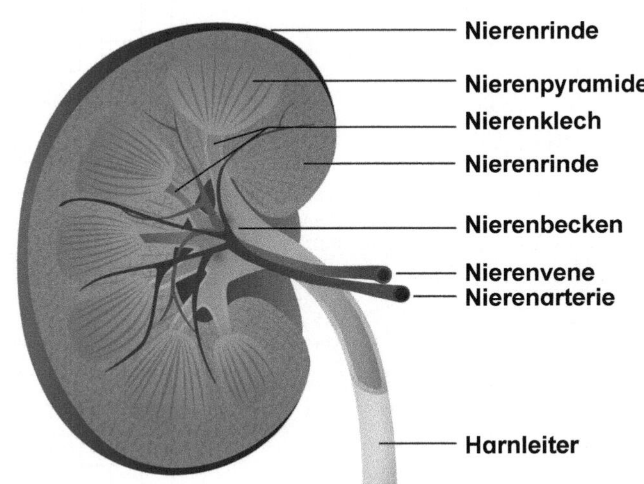

Aufgabe 2: Blutmenge, Urin, Harnkanälchen, 12, 150

S. 39: Leber – ein Ausscheidungsorgan

Leberlappen, Gallenblase, 0,7, Fettverdauung, Blutes, entgiftet

S. 40: Lage der Hormondrüsen

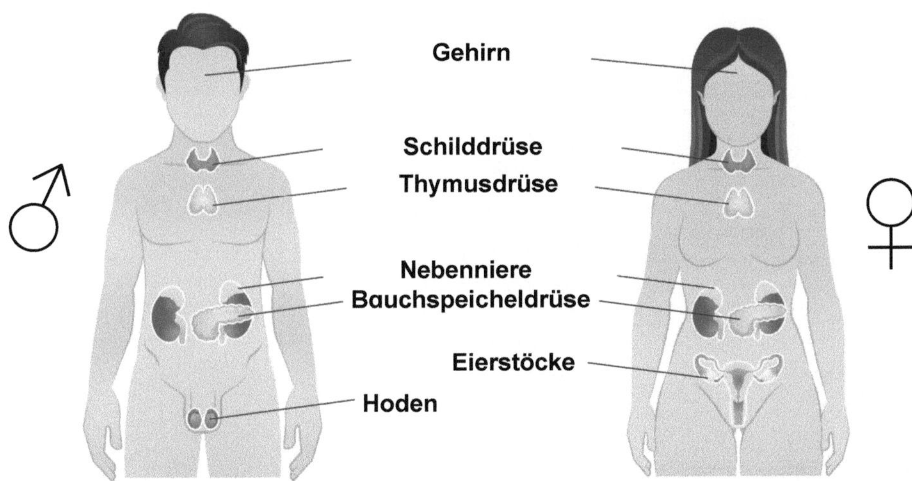

S. 41: Hormondrüsen – Aufgaben

Hirnanhangdrüse/Hypophyse
Zirbeldrüse
Schilddrüse
Nebenschilddrüsen
Thymusdrüse
Bauchspeicheldrüse
Nebennieren
weibliche Keimdrüsen
männliche Keimdrüsen

zu S. 40:

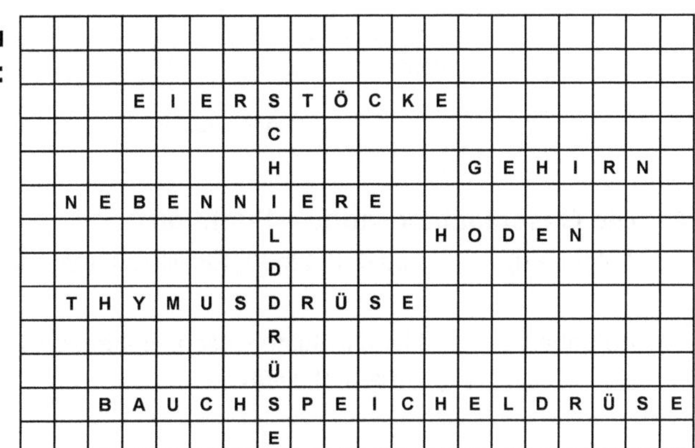

Lernmodul 1: Der Mensch
Arbeitsblätter – Bestell-Nr. 13 121
KOHL VERLAG

S. 42: Weibliche Geschlechtsorgane – Graphik

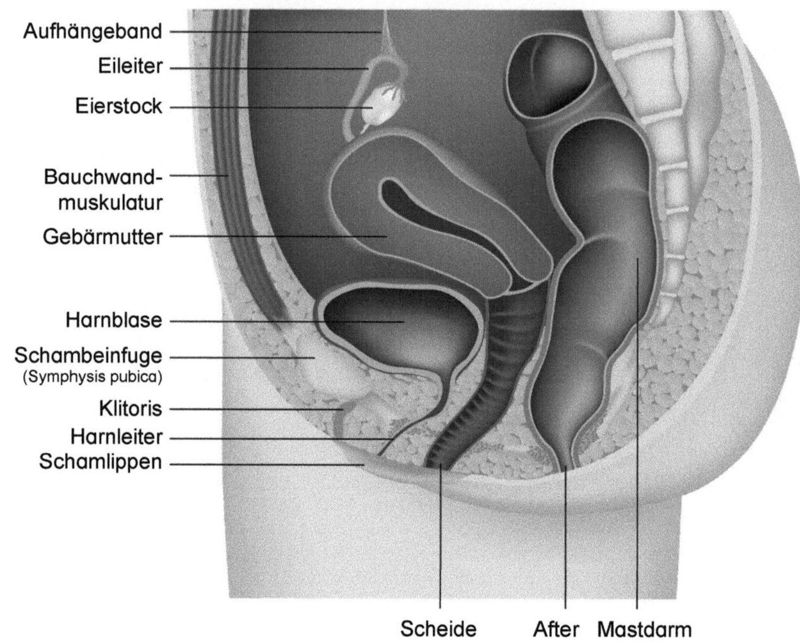

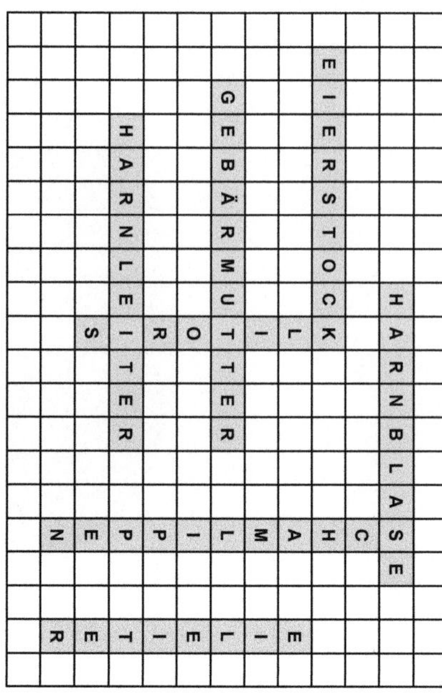

S. 43: Männliche Geschlechtsorgane – Graphik

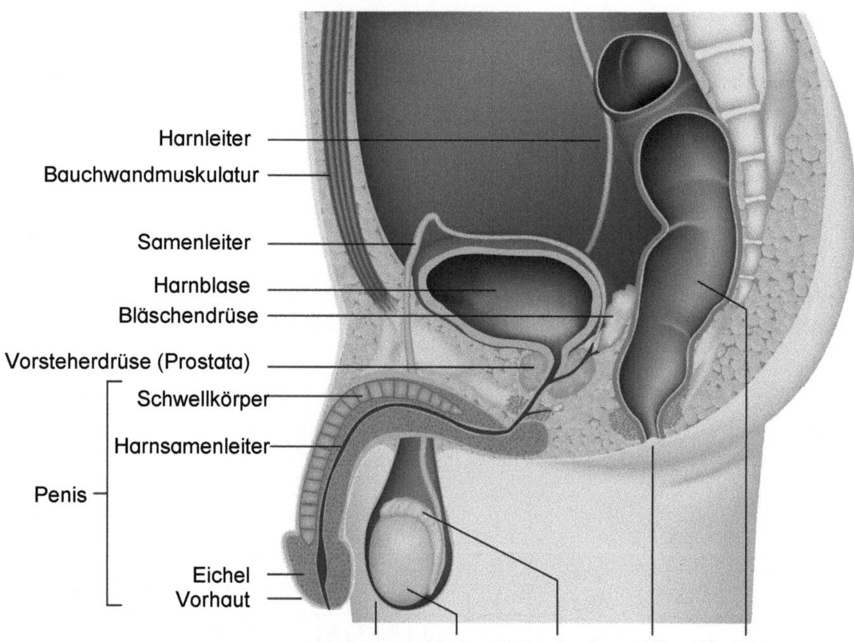

S. 44: Die Geschlechtsorgane – Funktion

Aufgabe a) 200 000, 28-30, Eifollikel, Gebärmutter, Einnistung, Muttermund, Schamlippen, Klitoris

Aufgabe b) Hoden, Samenzellen, Hodensack, Samenleiter, Penis, flüssigen, Sperma, Schwellkörper, Erregung, versteift

S. 45: Pubertät – Veränderungen

Androgene, Östrogene, primären, sekundären, variabel, Körperliche, Seelische, sozialen,

Lösungen

S. 46: Wirkung der Hormone ab der Pubertät

Frau: Brustdrüsen, Eizellen, Menstruation

Mann: Bartwuchs, Stimmbruch, Muskelentwicklung, Samenzellen

S. 47: Befruchtung im Mutterleib

1. Tag: Ei- und Samenzelle verschmelzen

2. Tag: Zweizellstadium, Viele Teilungen folgen in den nächsten Tagen.

8. – 12. Tag: Einnistung im Uterus

S. 48: Schwangerschaft

Aufgabe 1: 280, Befruchtung, Gebärmutterschleimhaut, Embryo, Fötus, inneren, Nabelschnur

Aufgabe 2: verschmelzen, teilt, nistet, Fruchtwasser, geschützt, Mutterkuchen, Nährstoffe

S. 49: Die letzten Schwangerschaftswochen

senkt, unten, Wehen, krampfartig, Hirnanhangdrüse, Wehentätigkeit, Fruchtblase, Kopf, Körper

S. 50: Die Geburt beginnt

Eröffnungsphase, Austreibungsphase, Nachgeburtsphase

S. 51: Nach der Geburt

Atemzug, Nabelschnur, Milch, Nachwehen, Gebärmutter

S. 52: Zwillingsschwangerschaft

eine, identisch, zwei, unterschiedlichen, genetisch, verschieden

S. 53: Weitergabe von Erbinformationen

Genen, Desoxyribonukleinsäure, 1822-1884, Abt, Augustinerorden, Garten, Muster

S. 54: Erbkrankheiten

Chromosomenstörung, nicht, Erbkrankheit, Lebens, Pränataldiagnostik, Fruchtwasseruntersuchung, chromosomaler

S. 55: Verhütungsmethoden

Kondom – Pille – Hormonpflaster – Vaginalring – Dreimonatsspritze – Hormonspirale – Diaphragma – Sterilisation

Kondom	Pille	Hormonpflaster
Dreimonatsspritze	Hormonspirale	Diaphragma
Vaginalring	Sterilisation männlich weiblich	

P																			
I	S	T	E	R	I	L	I	S	A	T	I	O	N						
L																			
L																			
E																			
						H	O	R	M	O	N	P	F	L	A	S	T	E	R
	K																		
	O																	V	
	N																	A	
	D																	G	
	O																	I	D
	M																	N	I
D	R	E	I	M	O	N	A	T	S	S	P	R	I	T	Z	E		A	A
																		L	P
																		R	H
																		I	R
																		N	A
			H	O	R	M	O	N	S	P	I	R	A	L	E			G	G
																			M
																			A

Lösungen

S. 56: Schwangerschaftsabbruch

3 Monate, staatlich anerkannten Beratungsstelle, Arzt, Ärztin

S. 57: Geschlechtskrankheiten

Tripper
Syphilis
Chlamydien
Herpes genitalis

S. 58: AIDS – Definition und Ursachen

Jahre, Viren, Blutuntersuchung, Immunsystem, Blutbahn, Körperflüssigkeiten

S. 59: Immunsystem & Infektionskrankheiten

Aufgabe 1: schnell, Stoffwechsel, bewegen, Vermehrung, Vermehrung, weiße, Antikörper, immun

Aufgabe 2: Masern, Mumps, Röteln, Diphterie, Windpocken

S. 60: Bau einer Nervenzelle

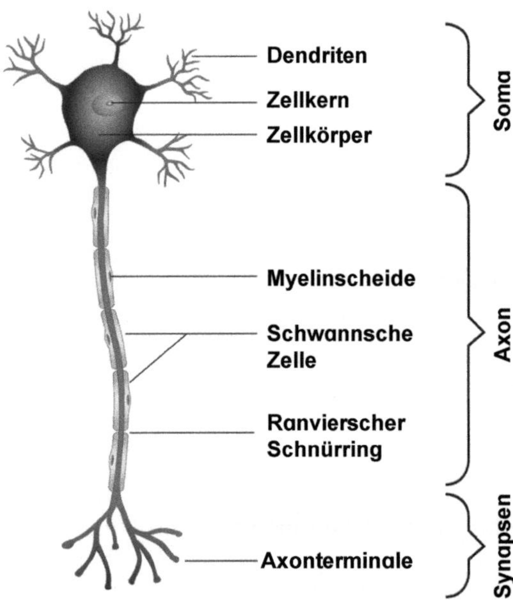

Informationen, elektrischen, ganzen, Dendriten, Muskel

S. 61: Gehirn

1500, Rückenmark, Nervenimpulsen

S. 62: Zentralnervensystem (ZNS)

Rückenmark, Bewußtseins, Reize, Wiedererkennung, Instinkte

S. 63: Peripheres & vegetatives Nervensystem

Aufgabe 1: Nerven, 1, sensorische, motorische

Aufgabe 2: Magenwand, Peristaltik, Blutdruck, Sauerstoff, beruhigt

S. 64: Nervensystem – Aufbau und Schädigungen

Dendriten, Neurit, Nerv, Impulsen, Sekunde

Lösungen

S. 66: Die Haut und ihr Aufbau

Aufgabe 1:

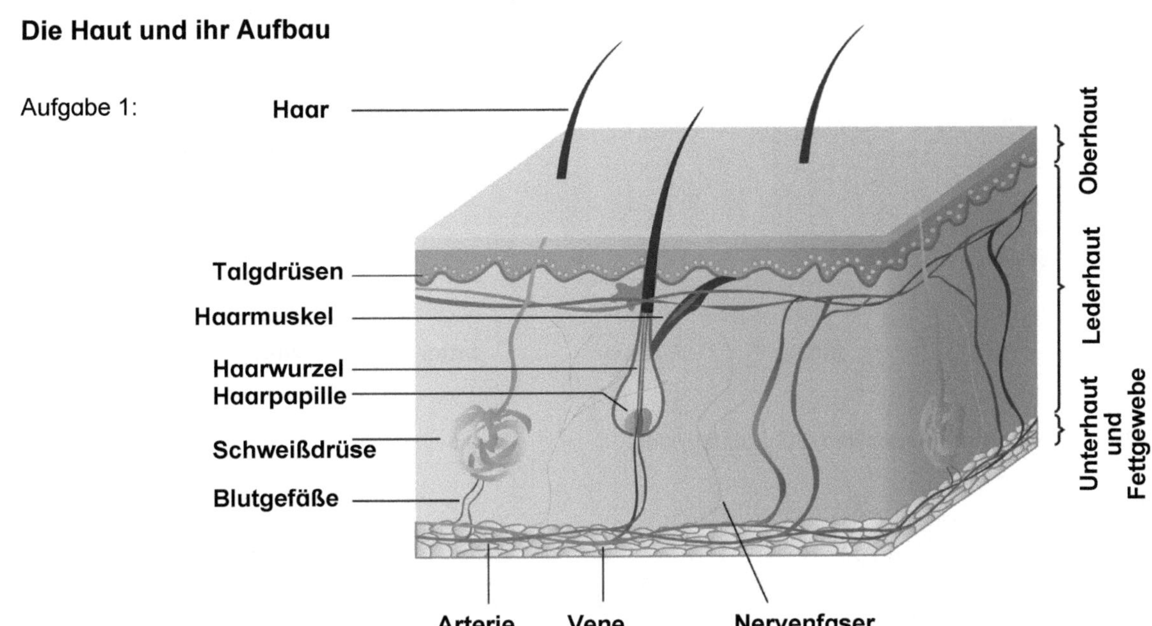

Aufgabe 2: Die Haut ist in 3 Schichten geteilt: Oberhaut, Lederhaut, Unterhaut

S. 68: Bau des Auges

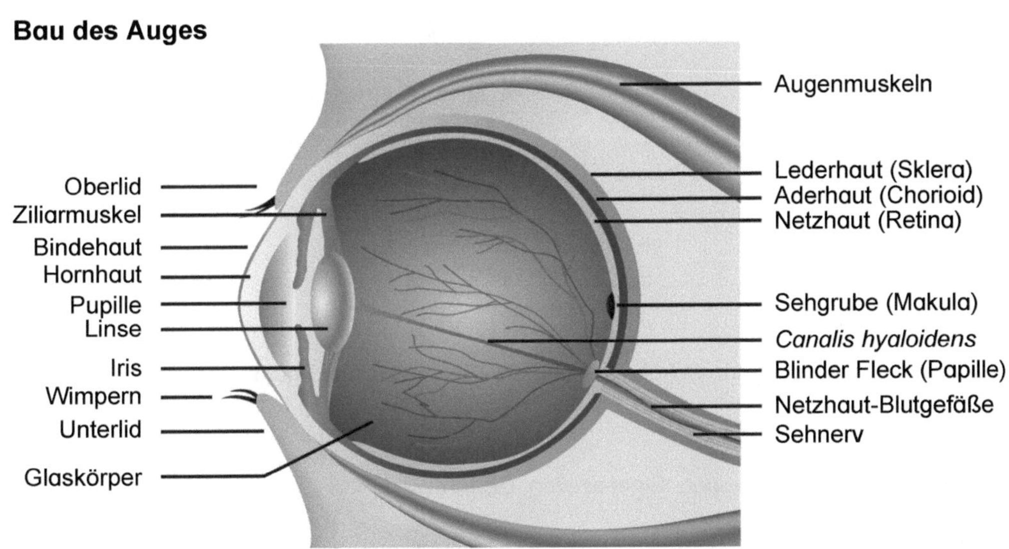

a) 22-23 b) 7,5 c) 8000-20.000 d) 132.000.000 e) 1.000.000 f) 1

S. 69: Kurzsichtigkeit – Weitsichtigkeit

weiter, konkave, nahe, konvexe

S. 70: Die Nase

siehe Schaubild rechts

Schleimhaut, Schleimdrüsen, Duftstoffe, Reiz, Gehirn, Geschmacksinn

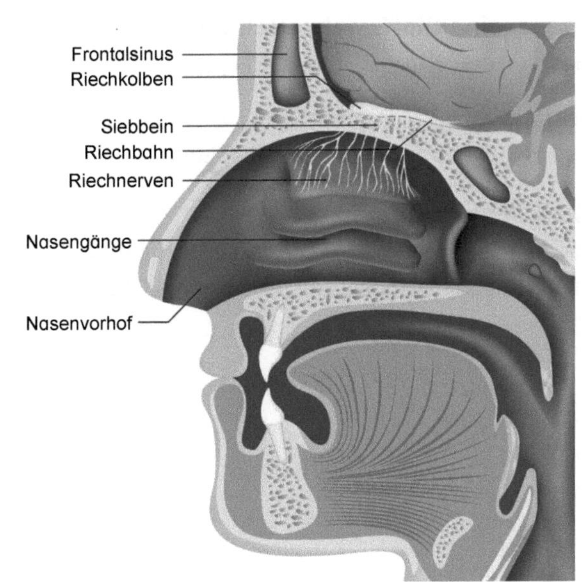

Lösungen

S. 71: Die Zunge

Aufgabe 1:

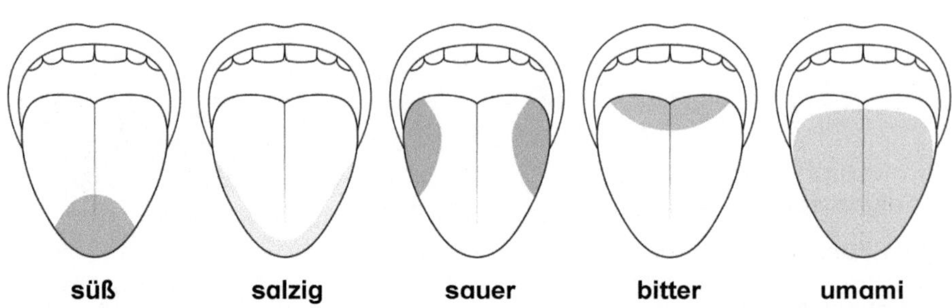

Aufgabe 2: Geschmackspapillen, 20, Lautformung

S. 72: Das Ohr

Aufgabe 1:

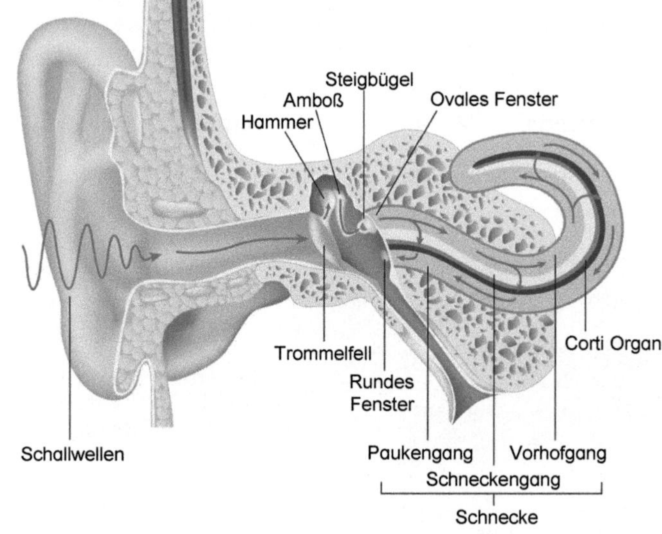

Aufgabe 2: Schallwellen , Schwingungen , Schallreize, Gehirn, Gleichgewichtsorgans

S. 73: Tastsinn

Oberhaut , 0,006, 1809 – 1852 1825, Fingerkuppen, Sinneszellen, Gehirn

S. 74: Alkohol und seine Folgen

betäubend, Rauschzustand, beeinträchtigt, Gehirnzellen

S. 75: Diabetes – eine Stoffwechselerkrankung

Energie, Blutzucker, Insulin, Blut, Glykogen

S. 76: Hepatitis B

Übertragung, ungeschützten, Leber, Impfung

S. 77: Legale & illegale Drogen

Erlaubte (legale) Drogen: Alkohol, Nikotin, Koffein, Cannabis

Unerlaubte (Illegale) Drogen: Heroin, Kokain, LSD, Ecstacy